好きな
模様で
編む
かごバッグ

模様編み100 ×
底 5 ×
持ち手 6 ＝
3000パターン

Ronique
ロニーク

文化出版局

contents

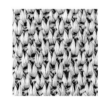

この本で紹介する模様編み100パターンは、すべてかぎ針でぐるぐると輪に編む模様です。

STEP 1で5パターンから底の形を選んだら、

STEP 2で100パターンから側面の模様を選んでください。

すべての模様編みがSTEP1の底の目数にぴったり合います。

模様編みの最終段は、編み地の縁をそのまま生かしてもいいですが、

100パターンの記号図にはバッグの縁を細編みで整えられるように拾い方も掲載しました。

STEP 3では、持ち手のパターンとそれぞれのつけ方例を紹介しています。

使いやすい持ち手を選んで、長さや太さはお好みで調節してください。

STEP upでは、さまざまな組合せのバッグを提案しています。

配色やサイズを参考に、組合せ自在のかごバッグを作って楽しんでください。

用意するもの

ハマナカ エコアンダリヤ

仕立：40g玉巻き　糸長：約80m　品質：レーヨン100％　色数：51色　太さ：並太タイプ

針の号数：5/0号〜7/0号

P.1〜25のバッグはベージュ（23）を3〜4玉、7/0号かぎ針、とじ針を使用しています。

編み方は P.75〜83

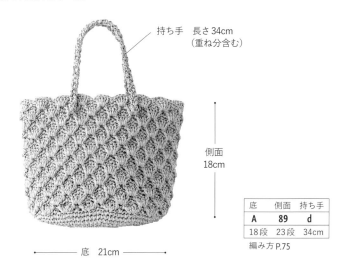

持ち手　長さ34cm
（重ね分含む）

側面
18cm

底　21cm

底	側面	持ち手
A	89	d
18段	23段	34cm

編み方 P.75

STEP 1 底を編む

底は中央から作り目をします。

A 丸底

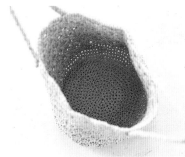

底	側面	持ち手
A	**89**	**d**
18段	23段	34cm

編み方 P.75

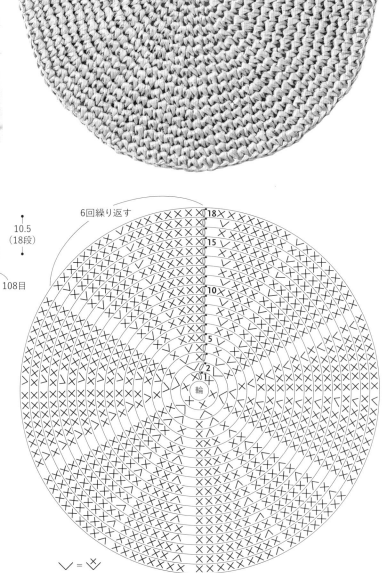

細編み

↑

10.5
（18段）

108目

6回繰り返す

18

15

10

5

2
1

輪

∨ = ⩗

段数	目数	増し方
18	108	+6
17	102	+6
16	96	+6
15	90	+6
14	84	+6
13	78	+6
12	72	+6
11	66	+6
10	60	+6
9	54	+6
8	48	+6
7	42	+6
6	36	+6
5	30	+6
4	24	+6
3	18	+6
2	12	+6
1	6	

増し方の法則性を覚えましょう。編み進めるのが楽しくなります。

B 正方形底

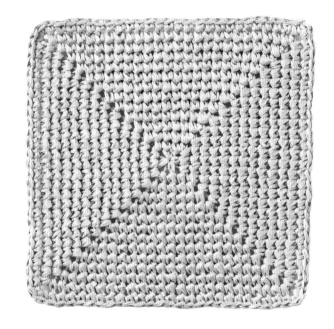

底	側面	持ち手
B	**89**	**d**
14段	23段	34cm

編み方 P.76

↑
細編み

8.5(14段)

108目

←— 17 —→

段数	目数	増し方
14	108	±0
13	108	+8
12	100	+8
11	92	+8
10	84	+8
9	76	+8
8	68	+8
7	60	+8
6	52	+8
5	44	+8
4	36	+8
3	28	+8
2	20	+8
1	12	

⌒ = ⊤

鎖編みから拾う細編みは束に拾う
中長編みは2目と数える

5

C ぺたんこ底

底	側面	持ち手
C	**89**	**d**
55目	31段	34cm

編み方 P.78

―――鎖55目作り目―――

拾い方はP.78参照

側面の1段めは作り目の上側は鎖半目と
裏山を、下側は鎖半目を拾って編む

D 楕円底

底	側面	持ち手
D	**89**	**d**
10段	23段	34cm

編み方 P.77

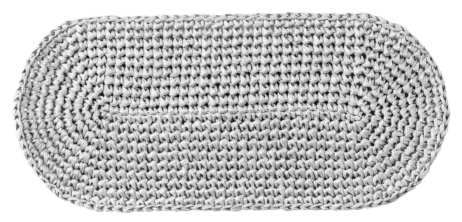

鎖26目
作り目↑
細編み
6(10段)
108目

26.5

1段めは作り目の両端と上側は
鎖半目と裏山を、下側は鎖半目
を拾って編む

鎖26目作り目

∨ = 𝖵

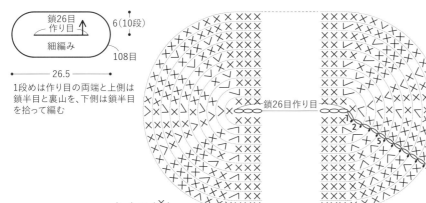

段数	目数	増し方
10	108	+6
9	102	+6
8	96	+6
7	90	+6
6	84	+6
5	78	+6
4	72	+6
3	66	+6
2	60	+6
1	54	

E 長方形底

底	側面	持ち手
E	**89**	**d**
8段	23段	34cm

編み方 P.77

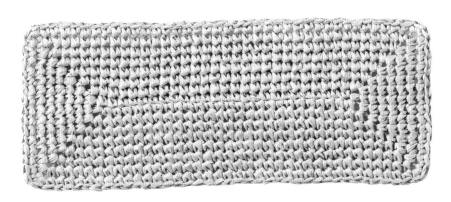

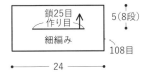

鎖25目
作り目
細編み
5(8段)
108目
━ 24 ━

1段めは作り目の両端と上側は
鎖半目と裏山を、下側は鎖半目
を拾って編む

⌒ = T

鎖編みから拾う細編みは束に拾う
中長編みは2目と数える

←鎖25目作り目→

8

段数	目数	増し方
8	108	±0
7	108	+8
6	100	+8
5	92	+8
4	84	+8
3	76	+8
2	68	+8
1	60	

STEP 2 側面の模様を編む

100パターンはすべて輪編みの模様です。底から続けてぐるぐる編みます。

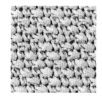

細編みの模様 01-11

細編みは1段が鎖1目分の高さになります。

編み目がキュッと詰まったしっかりした編み地ができます。

中長編みの模様 12-29

中長編みは1段が鎖2目分の高さになります。

細編みよりふっくらした厚みのある編み地ができます。

長編みの模様 30-100

長編みは1段が鎖3目分の高さになります。

細編みや中長編みより高さがあるため早く編み進めることができます。

記号図の見方

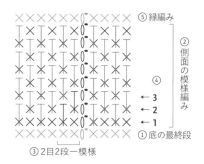

⑤縁編み

②側面の模様編み

④

←3
←2
←1

①底の最終段

③2目2段一模様

①底の最終段…底の記号は左図のように薄く表示しています。

②側面の模様編み…底の最終段から拾って、必要段数を編みます。

③一模様…一模様の目数と段数を表示しています。
　　　　　記号は赤で示しています。

④編み方向…記号はすべて表側から見たときの目の状態を表示しています。
　　　　　←左向きの矢印は編み地の表側を見て編みます。
　　　　　→右向きの矢印は編み地の裏側を見て編みます。

⑤縁編み…模様編みの最終段を細編みで整える場合の記号を薄く表示しています。

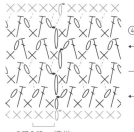

④

←3
→2
←1

一右向きの矢印は
編み地の裏側を
見て編む

2目2段一模様

［輪の往復編み］

輪編みで編み地の表側と裏側を交互に見て編むことを「輪の往復編み」と呼びます。
記号図の矢印に注意して編みましょう。

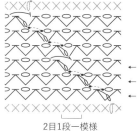

立上りの
段数を表示

←3
←2
←1

2目1段一模様
立上りは3段一模様

［立上りの調節をした模様］

輪編みでは立上り位置が斜めにずれる模様があります。
本書では、ずれを防ぐため、立上りの前後で編み方の工夫をしています。
調節をした記号図は左図のように記号図の右側に立上りの段数を表示しています。

細編みの模様

底	側面	持ち手
A	**01**	**a**変形
16段	22段	2段

編み方 P.80

01

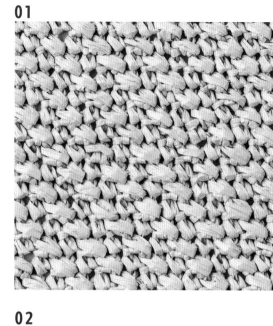

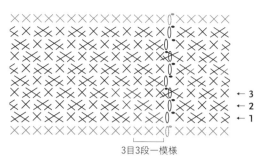

← 3
← 2
← 1

3目3段一模様

⬚✕✕ = 細編み交差
① ②　　1目とばして①の細編みを編む。
　　　　1目手前に針を入れ、
　　　　①を編みくるんで②の細編みを編む

⬚✕✕ = 写真参照
① ②

02

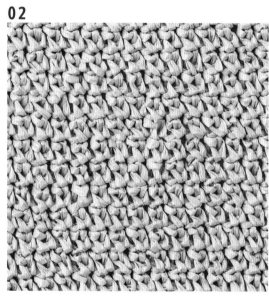

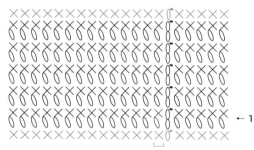

← 1

1目1段一模様

✕ = 鎖細編み(写真参照)

 段の終りの細編み交差を編みながら引き抜く

 鎖細編み

1 立上りの鎖をまたいで①の細編みを編み、段の終りの細編みの頭に針を入れる。

2 糸をかけて引き出し②の未完成の細編みを編み、段の始めの細編みの頭に針を入れる。

3 糸をかけてすべてのループを引き抜く。

4 段の終りが編めた。

1 前段に針を入れて糸を引き出したら、針に糸をかけて引き抜き、鎖を1目編む。

2 針に糸をかけて2ループを引き抜く。鎖細編みが編めた。

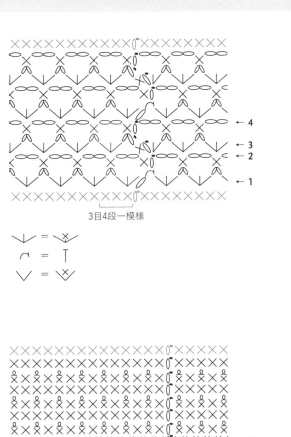

3目4段一模様

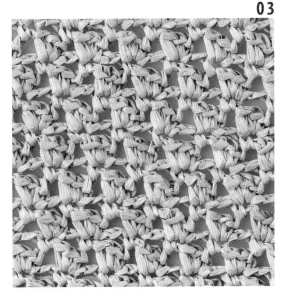

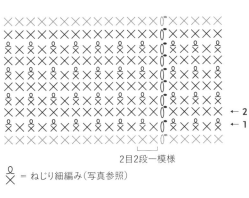

2目2段一模様

 = ねじり細編み（写真参照）

04

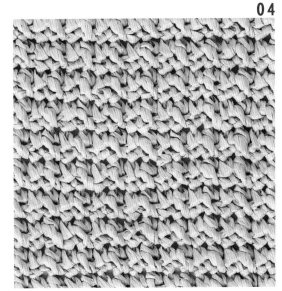

 ねじり細編み

1 前段に針を入れて
糸を引き出す。

2 針を反時計回りに
1回転する。

3 針に糸をかけて引
き抜く。

4 ねじり細編みが編
めた。

5 次段は、ねじり細
編みの裏側の筋を1本
すくって細編みを編む。

6 細編みが編めた。

05

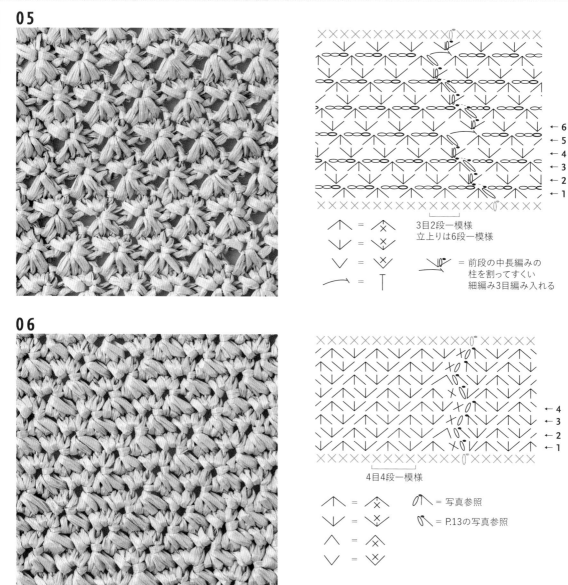

3目2段一模様
立上りは6段一模様

↑ = ⌃×
↓ = ⌄×
⌄ = ×

= ⊤

= 前段の中長編みの
柱を割ってすくい
細編み3目編み入れる

06

4目4段一模様

↑ = ⌃× ⟨图⟩ = 写真参照
↓ = ⌄× = P.13の写真参照
∧ = ⌃×
⌄ = ×

 段の終りの細編み2目一度を編みながら引き抜く

 **1** 糸を引き出しただけの未完成の細編みを2目編み、段の始めの細編みの頭に針を入れる。

 2 糸をかけてすべてのループを引き抜く。

 3 段の終りが編めた。

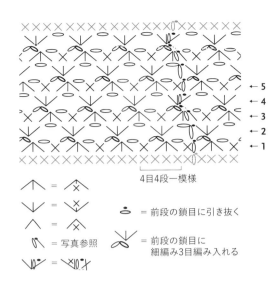

← 5
← 4
← 3
← 2
← 1

4目4段一模様

∧ = ∧
∨ = ∨
∧ = ∧
⌒ = 写真参照
⌒ =

· = 前段の鎖目に引き抜く
= 前段の鎖目に
細編み3目編み入れる

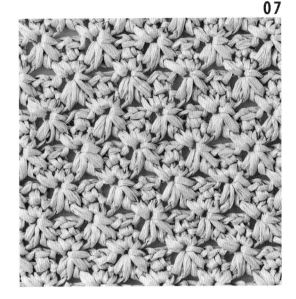

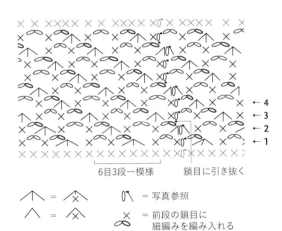

← 4
← 3
← 2
← 1

6目3段一模様   鎖目に引き抜く

∧ = ∧
∧ = ∧
⌒ = 写真参照
× = 前段の鎖目に
細編みを編み入れる

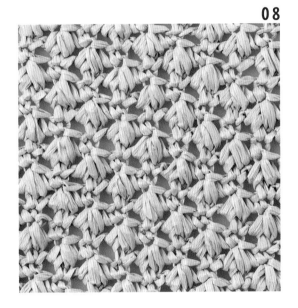

段の終りの細編みを編みながら引き抜く

1 糸を引き出しただけの未完成の細編みを編み、段の始めの細編みの頭に針を入れる。

2 針に糸をかけて、すべてのループを引き抜く。

3 段の終りが編めた。

09

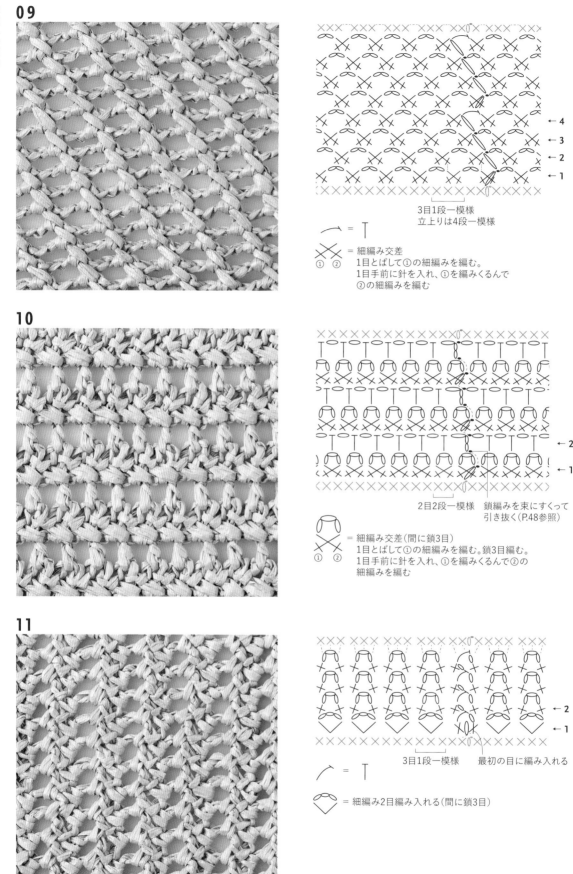

3目1段一模様
立上りは4段一模様

⌒ = ⊤

①② = 細編み交差
1目とばして①の細編みを編む。
1目手前に針を入れ、①を編みくるんで
②の細編みを編む

10

2目2段一模様　鎖編みを束にすくって
引き抜く(P.48参照)

①② = 細編み交差(間に鎖3目)
1目とばして①の細編みを編む。鎖3目編む。
1目手前に針を入れ、①を編みくるんで②の
細編みを編む

11

3目1段一模様　最初の目に編み入れる

⌒ = ⊤

= 細編み2目編み入れる(間に鎖3目)

中長編みの
模様

底	側面	持ち手
A	13	a変形
16段	21段	2段

編み方 P.81

底	側面	持ち手
A	12	a変形
16段	14段	2段

編み方 P.82

12

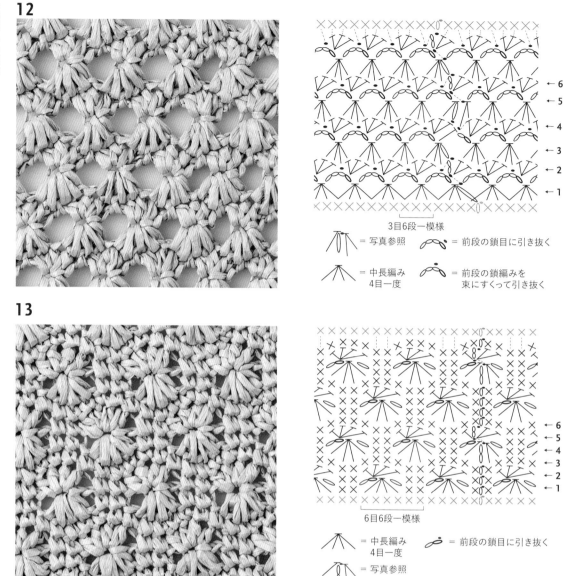

3目6段一模様

= 写真参照　　　= 前段の鎖目に引き抜く

= 中長編み
4目一度　　　= 前段の鎖編みを
束にすくって引き抜く

← 6
← 5
← 4
← 3
← 2
← 1

13

6目6段一模様

= 中長編み
4目一度　　　= 前段の鎖目に引き抜く

= 写真参照

← 6
← 5
← 4
← 3
← 2
← 1

 段の終りの中長編み2目一度を編みながら引き抜く

1 針に糸をかけて矢印のように針を入れて引き出し、未完成の中長編みを編む。

2 続けて同様に未完成の中長編みをもう1目編む。

3 段の始めの中長編みの頭に針を入れて、すべてのループを引き抜く。

4 段の終りが編めた。

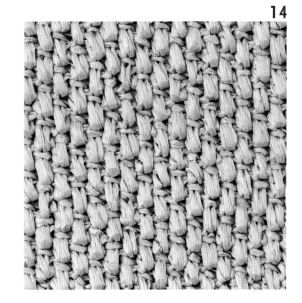

2目2段一模様

 = 前々段を拾って中長編みを編む
（前段を編みくるむ）

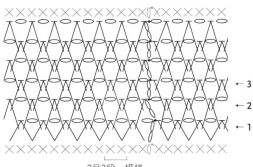

2目2段一模様

 =前段の中長編み2目一度の間に針を入れて
中長編み2目一度を編む（写真参照）

 =P.26の写真参照

15

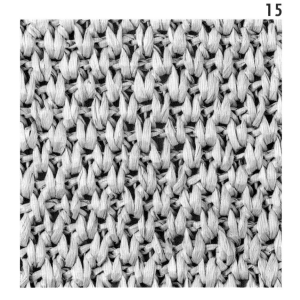

中長編み2目一度

1 針に糸をかけて前段の中長編み2目一度を矢印のように束にすくって、未完成の中長編みを1目編む。

2 左隣の中長編み2目一度を束にすくって、未完成の中長編みを1目編む。

3 針に糸をかけて、すべてのループを引き抜く。

4 中長編み2目一度が編めた。

16

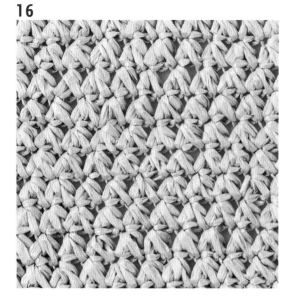

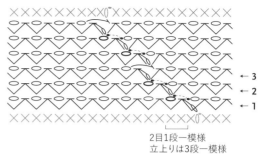

2目1段一模様
立上りは3段一模様

〳 =P.19の写真参照

〵 = T

⌣ = 前段の鎖目に引き抜く

17

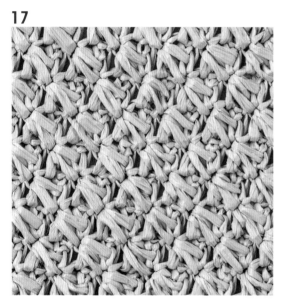

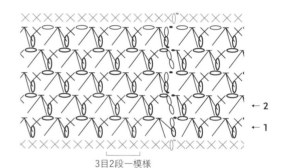

3目2段一模様

✕ = 鎖細編み(P.10の写真参照)

〵 = 中長編み3目一度(写真参照)

〳 = P.16の写真参照

中長編み3目一度と鎖1目

1 鎖細編み(P.10)を編んだら、針に糸をかけて鎖目を割って2本拾う。

2 糸をかけて引き出し、未完成の中長編みを編む。さらに前段の鎖目に針を入れて引き出す。

3 未完成の中長編みが2目編めた。前段の目の頭に針を入れて同様に編む。

4 糸をかけてすべてのループを引き抜く。

5 中長編み3目一度が編めた。

6 さらに鎖1目を編む。

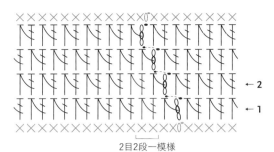

2目2段一模様

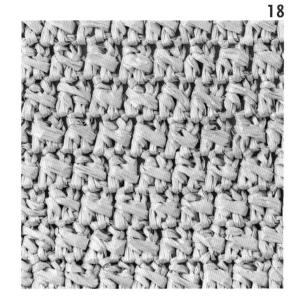

← 2
← 1

= 長編みの柱を束に1目すくい、
前段の目からもう1目拾って
中長編み2目一度を編む

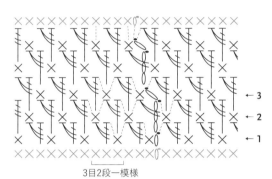

3目2段一模様

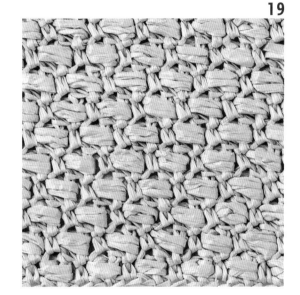

← 3
← 2
← 1

19

= 長編みの柱を束に2目すくって
中長編み2目一度を編む

= 立上りのループを引きのばす

1 立上りの鎖を1目
編む。

2 針にかかっている
ループを引きのばす。

20

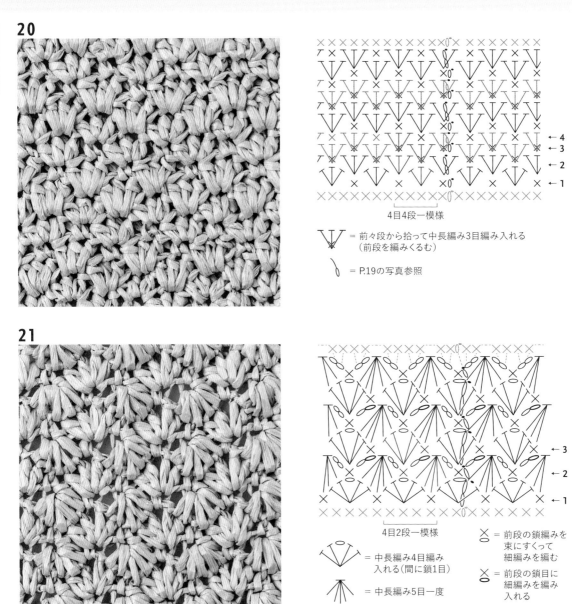

4目4段一模様

= 前々段から拾って中長編み3目編み入れる
（前段を編みくるむ）

= P.19の写真参照

21

4目2段一模様

= 中長編み4目編み
入れる（間に鎖1目）

= 中長編み5目一度

= 前段の鎖編みを
束にすくって
細編みを編む

= 前段の鎖目に
細編みを編み
入れる

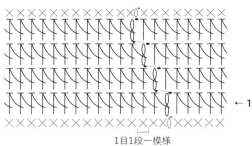

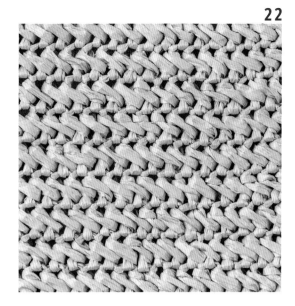

1目1段一模様

← 1

 ＝ 中長編みの柱を束にすくい、
前段の目からもう1目拾って
中長編み2目一度を編む

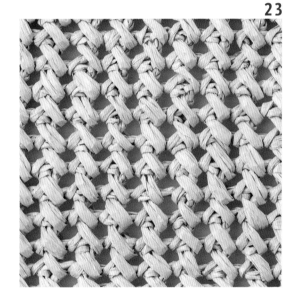

23

2目1段一模様

← 2
← 1

✕ ＝ 前段の目と目の間を束にすくって
中長編み交差（写真参照）

✕ 中長編み交差

1 針に糸をかけて、
1目とばして目と目の
間を束にすくって、針
に糸をかけて引き出す。

2 針に糸をかけて、
すべてのループを引き
抜き、中長編みを編む。

3 針に糸をかけて、
1目手前の目と目の間
を束にすくって、中長
編みを編む。

4 中長編み交差が編
めた。

24

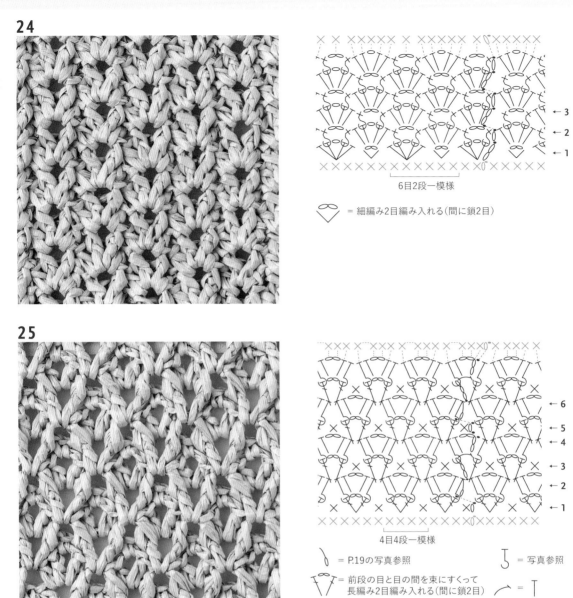

6目2段一模様

▽ = 細編み2目編み入れる（間に鎖2目）

25

4目4段一模様

) = P.19の写真参照　　　S = 写真参照

= 前段の目と目の間を束にすくって　　　⌒ = Ⅰ
長編み2目編み入れる（間に鎖2目）

中長編みの表引上げ編み

1 針に糸をかけ、前段の目の柱をすくって、手前から針を入れる。

2 針に糸をかけて引き出す。

3 針に糸をかけてすべてのループを引き抜く。

4 中長編みの表引上げ編みが編めた。

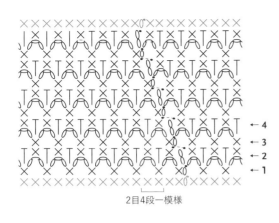

←4
←3
←2
←1

2目4段一模様

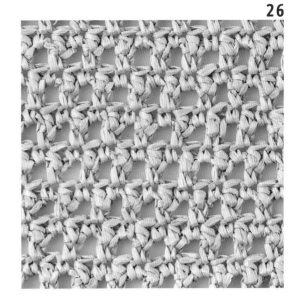

最終段

←3
←2
←1

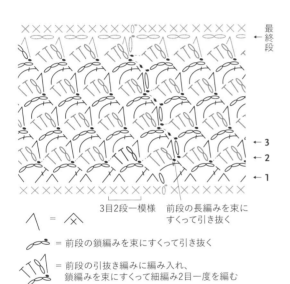

3目2段一模様　前段の長編みを束に
すくって引き抜く

∧ = ∧

= 前段の鎖編みを束にすくって引き抜く

= 前段の引抜き編みに編み入れ、
鎖編みを束にすくって細編み2目一度を編む

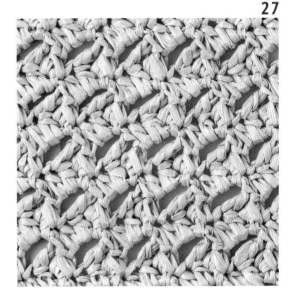

28

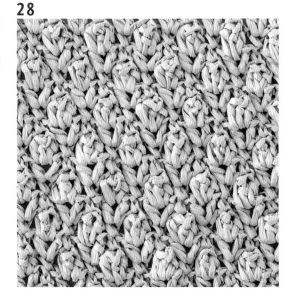

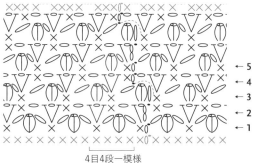

← 5
← 4
← 3
← 2
← 1

4目4段一模様

 =変り中長編み3目のパプコーン編み（写真参照）

29

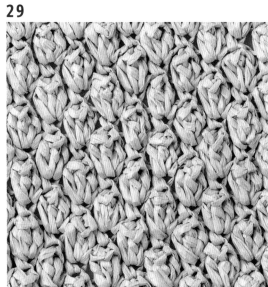

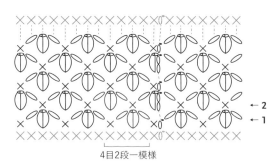

← 2
← 1

4目2段一模様

 =変り中長編み3目のパプコーン編み（写真参照）

 変り中長編み3目のパプコーン編み

1 同じ目に中長編みを3目編む。

2 いったん針をはずし1目めとループに針を入れ直す。

3 針に糸をかけて引き抜く。

4 さらに糸をかけて引き抜く。

5 変り中長編み3目のパプコーン編みが編めた。

長編みの
模様

底	側面	持ち手
A	31	a変形
16段	13段	2段

編み方 P.81

底	側面	持ち手
A	100	a変形
16段	25段	2段

編み方 P.83

底	側面	持ち手
A	30	a変形
16段	13段	2段

編み方 P.82

30

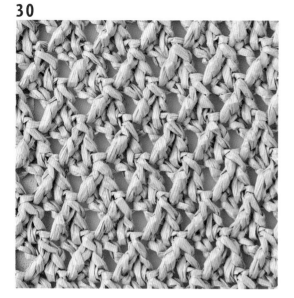

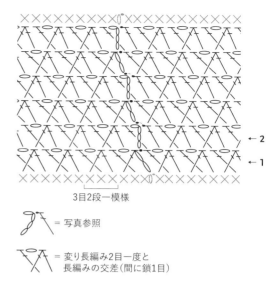

3目2段一模様

 = 写真参照

= 変り長編み2目一度と
長編みの交差（間に鎖1目）

31

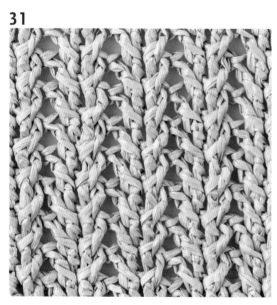

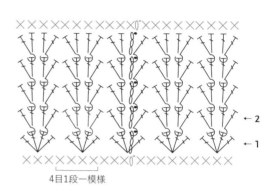

4目1段一模様

段の終りの長編みを編みながら引き抜く

1 未完成の長編みを
編み、段の始めの立上
りの鎖の3目めに針を
入れる。

2 糸をかけて、すべ
てのループを引き抜く。

3 段の終りの引抜き
編みが編めた。

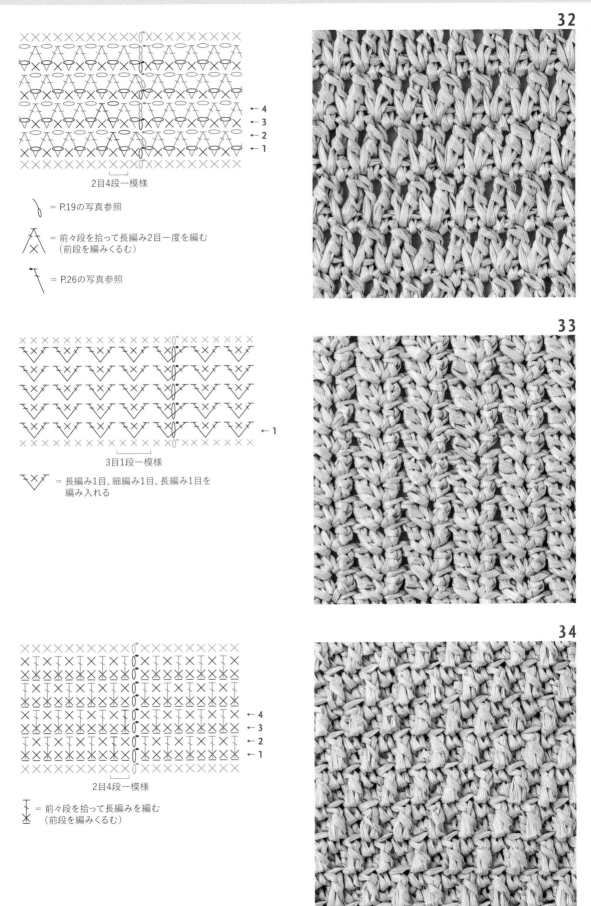

32

2目4段一模様

⟩ = P.19の写真参照

= 前々段を拾って長編み2目一度を編む
（前段を編みくるむ）

= P.26の写真参照

33

3目1段一模様

= 長編み1目、細編み1目、長編み1目を
編み入れる

34

2目4段一模様

= 前々段を拾って長編みを編む
（前段を編みくるむ）

35

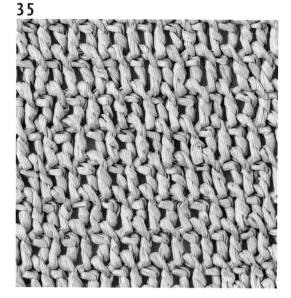

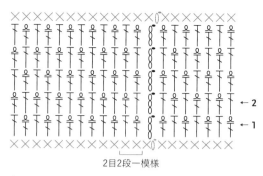

2目2段一模様

$\frac{0}{\top}$ = 変りねじり長編み（写真参照）

36

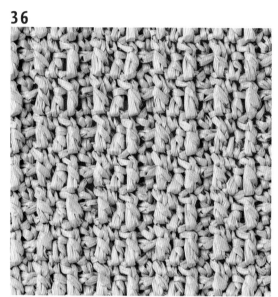

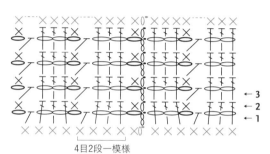

4目2段一模様

③②① = ①・③の長編みは前段の手前から前々段を拾う
②の長編みは前段の向うから前々段を拾う
（前段を編みくるまない）

$\times$ = 前段の鎖目に細編みを編み入れる

 変りねじり長編み

1 針に糸をかけて引き出したら、矢印のように2ループを引き抜く。

2 針を反時計回りに回す。

3 針に糸をかけて、2ループを引き抜く。

4 変りねじり長編みが編めた。

5 次段のねじり長編みから拾う長編みは、裏側の筋を1本すくう。

6 次段の長編みが編めた。

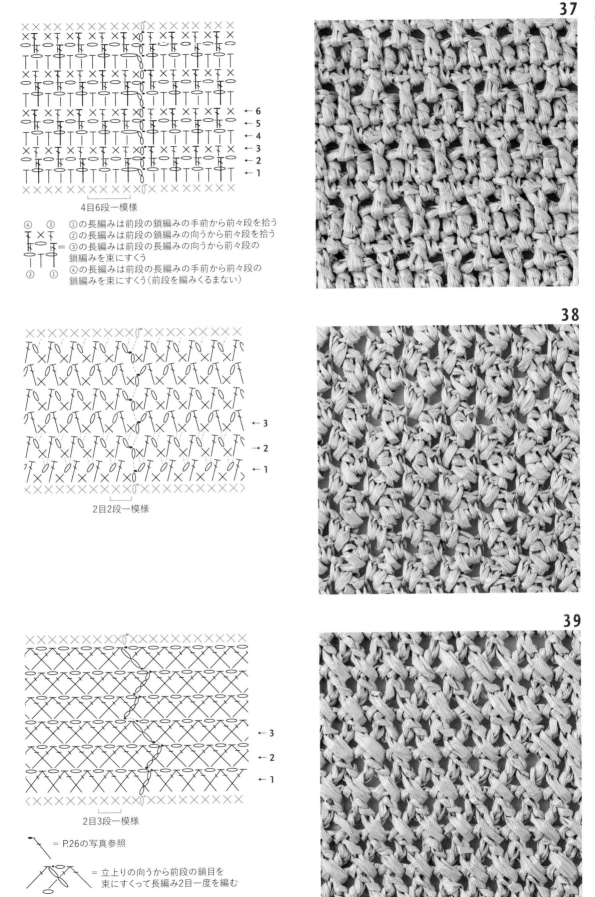

37

4目6段一模様

①の長編みは前段の鎖編みの手前から前々段を拾う
②の長編みは前段の鎖編みの向うから前々段を拾う
③の長編みは前段の長編みの向うから前々段の
　鎖編みを束にすくう
④の長編みは前段の長編みの手前から前々段の
　鎖編みを束にすくう（前段を編みくるまない）

38

← 3
→ 2
← 1

2目2段一模様

39

← 3
← 2
← 1

2目3段一模様

= P.26の写真参照

= 立上りの向うから前段の鎖目を
　束にすくって長編み2目一度を編む

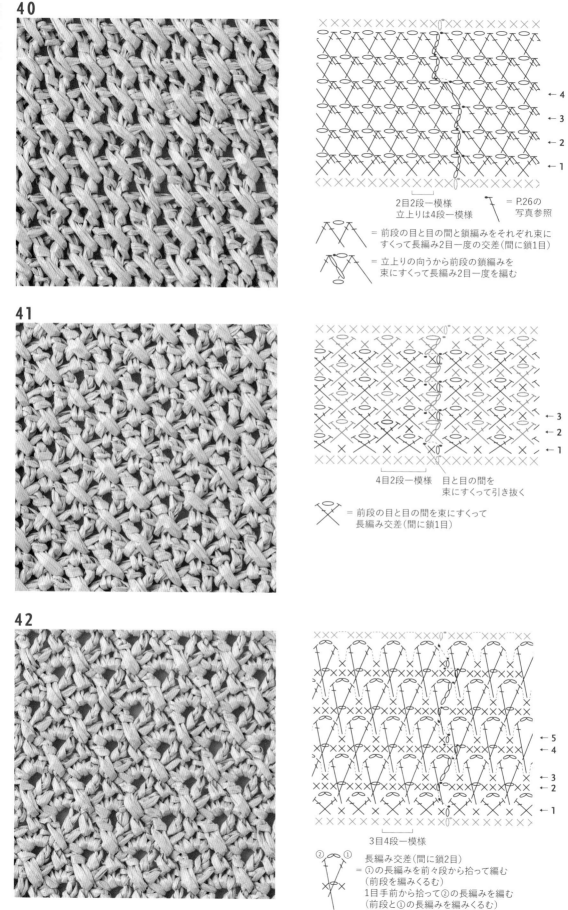

長編みの模様

41

42

2目2段一模様
立上りは4段一模様

= P.26の
写真参照

= 前段の目と目の間と鎖編みをそれぞれ束に
すくって長編み2目一度の交差(間に鎖1目)

= 立上りの向うから前段の鎖編みを
束にすくって長編み2目一度を編む

4目2段一模様

目と目の間を
束にすくって引き抜く

= 前段の目と目の間を束にすくって
長編み交差(間に鎖1目)

3目4段一模様

長編み交差(間に鎖2目)
= ①の長編みを前々段から拾って編む
(前段を編みくるむ)
1目手前から拾って②の長編みを編む
(前段と①の長編みを編みくるむ)

43

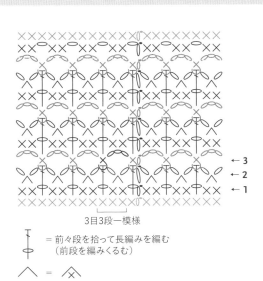

3目3段一模様

⊤ = 前々段を拾って長編みを編む
（前段を編みくるむ）

∧ = ∧

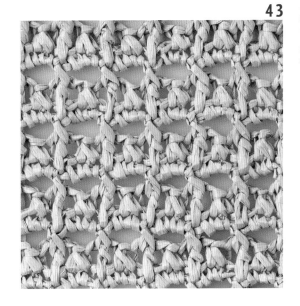

44

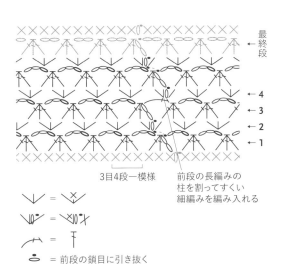

← 最終段

← 4
← 3
← 2
← 1

3目4段一模様　前段の長編みの
柱を割ってすくい
細編みを編み入れる

∨ = ∨

∨ = ∨

⌒ = ⊤

◡ = 前段の鎖目に引き抜く

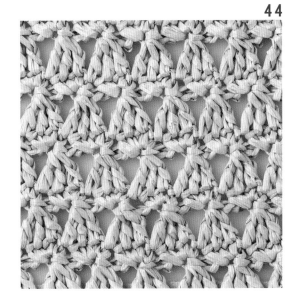

45

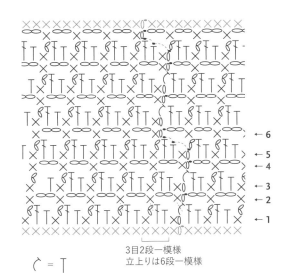

← 6
← 5
← 4
← 3
← 2
← 1

3目2段一模様
立上りは6段一模様

⌒ = ⊤

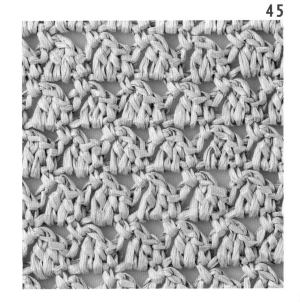

46

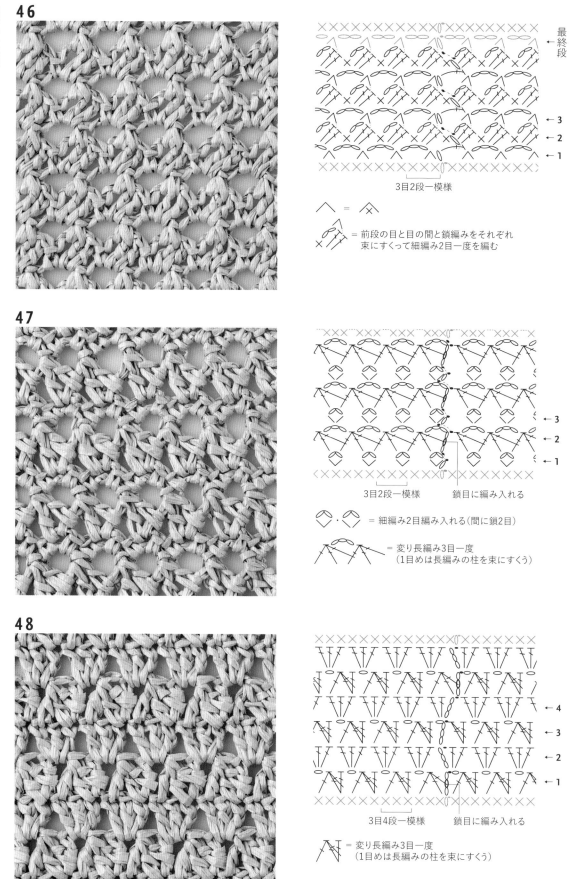

最終段

←3
←2
←1

3目2段一模様

∧ = ⋀

= 前段の目と目の間と鎖編みをそれぞれ
　束にすくって細編み2目一度を編む

47

←3
←2
←1

3目2段一模様　　　鎖目に編み入れる

∩・∩ = 細編み2目編み入れる(間に鎖2目)

= 変り長編み3目一度
　(1目めは長編みの柱を束にすくう)

48

←4
←3
←2
←1

3目4段一模様　　　鎖目に編み入れる

= 変り長編み3目一度
　(1目めは長編みの柱を束にすくう)

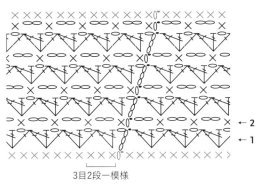

3目2段一模様

= 変り長編み3目一度
（1目めは長編みの柱を束にすくう）

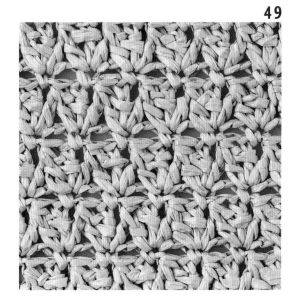

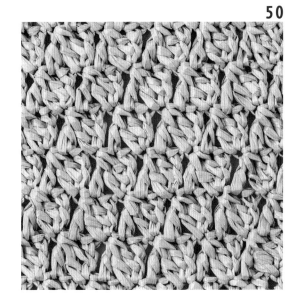

3目2段一模様　　　鎖目に編み入れる

= 変り長編み3目一度
（1目めは長編みの柱を割って2本すくう）
（写真参照）

変り長編み3目一度（割って2本すくう）

1 針に糸をかけて手前の長編みの柱の2本をすくう。

2 針に糸をかけて引き出し、未完成の長編みを編む。

3 針に糸をかけて、前段の目に未完成の長編みをあと2目編む。

4 針に糸をかけて、針にかかっているすべてのループを引き抜く。

5 変り長編み3目一度が編めた。

6 鎖1目を編んだところ。

51

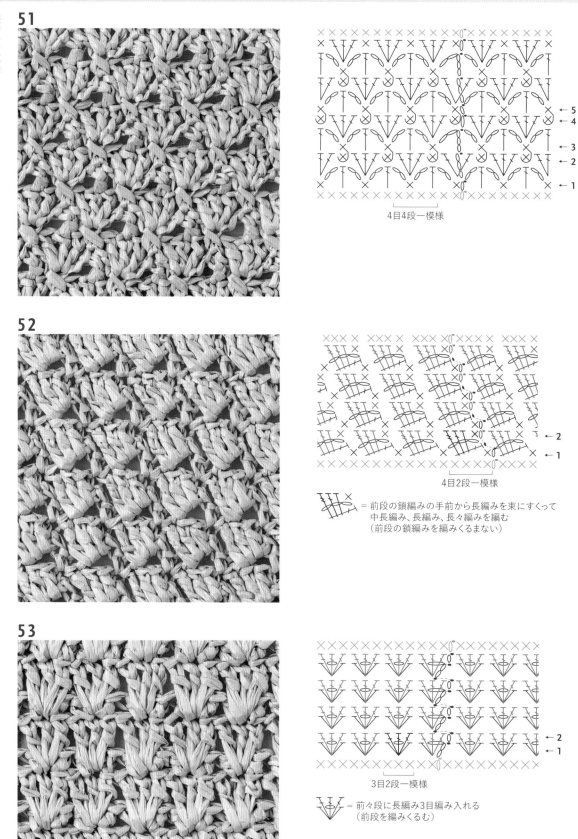

← 5
← 4
← 3
← 2
← 1

4目4段一模様

52

← 2
← 1

4目2段一模様

= 前段の鎖編みの手前から長編みを束にすくって
中長編み、長編み、長々編みを編む
（前段の鎖編みを編みくるまない）

53

← 2
← 1

3目2段一模様

= 前々段に長編み3目編み入れる
（前段を編みくるむ）

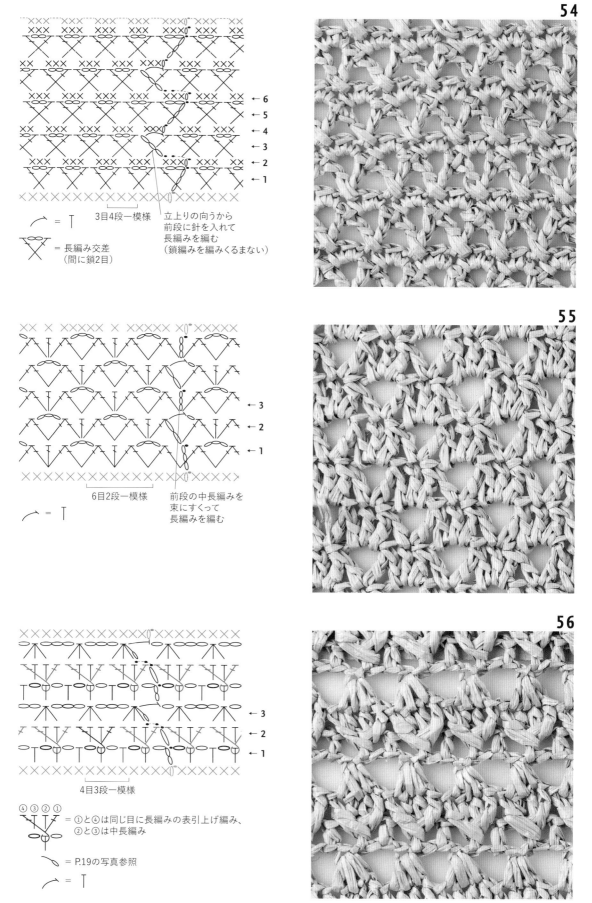

⌢ = ⊤

╳╳ = 長編み交差
（間に鎖2目）

3目4段一模様

立上りの向うから
前段に針を入れて
長編みを編む
（鎖編みを編みくるまない）

← 6
← 5
← 4
← 3
← 2
← 1

55

⌢ = ⊤

6目2段一模様

前段の中長編みを
束にすくって
長編みを編む

← 3
← 2
← 1

56

④③②①
= ①と④は同じ目に長編みの表引き上げ編み、
②と③は中長編み

⌢ = P.19の写真参照

⌢ = ⊤

4目3段一模様

← 3
← 2
← 1

57

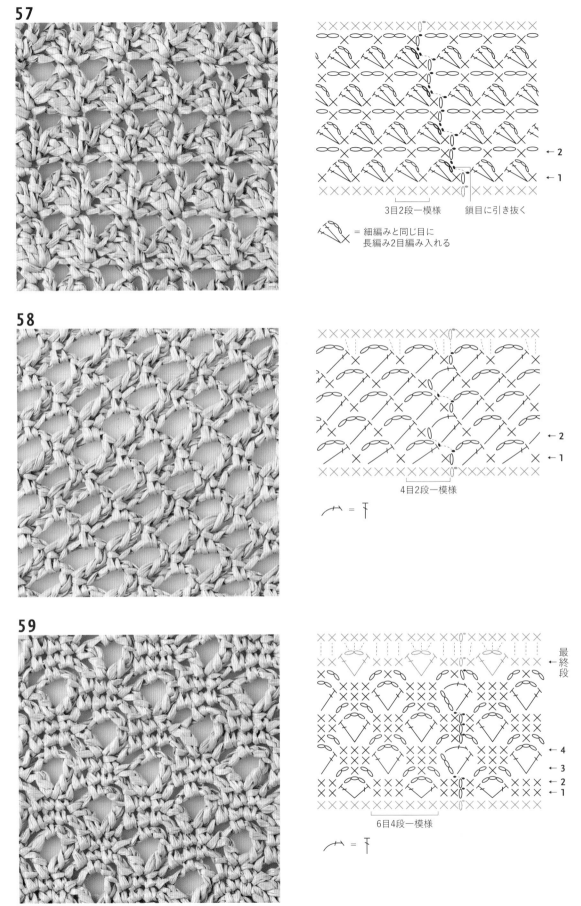

3目2段一模様　　鎖目に引き抜く

= 細編みと同じ目に
長編み2目編み入れる

58

4目2段一模様

= 下

59

最終段

6目4段一模様

= 下

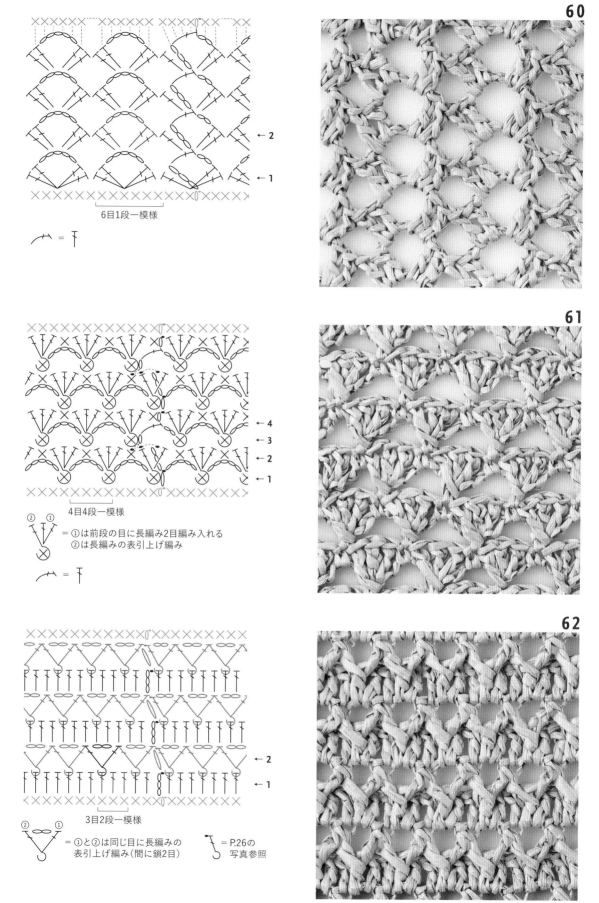

6目1段一模様

⌒ = ⊤

61

4目4段一模様

②① = ①は前段の目に長編み2目編み入れる
②は長編みの表引き上げ編み

⌒ = ⊤

62

3目2段一模様

②① = ①と②は同じ目に長編みの
表引き上げ編み(間に鎖2目)

= P.26の
写真参照

63

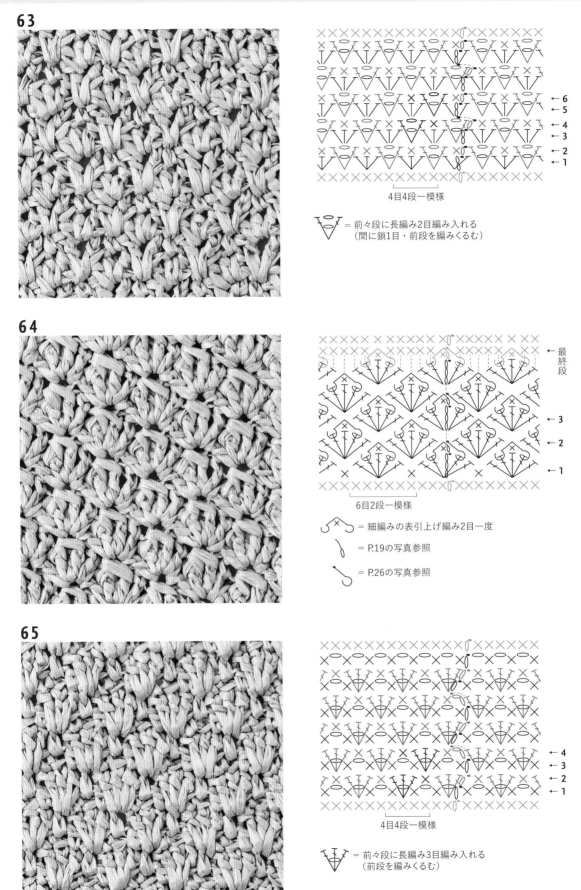

4目4段一模様

= 前々段に長編み2目編み入れる
（間に鎖1目・前段を編みくるむ）

64

←最終段

←3

←2

←1

6目2段一模様

= 細編みの表引き上げ編み2目一度

= P.19の写真参照

= P.26の写真参照

65

←4
←3
←2
←1

4目4段一模様

= 前々段に長編み3目編み入れる
（前段を編みくるむ）

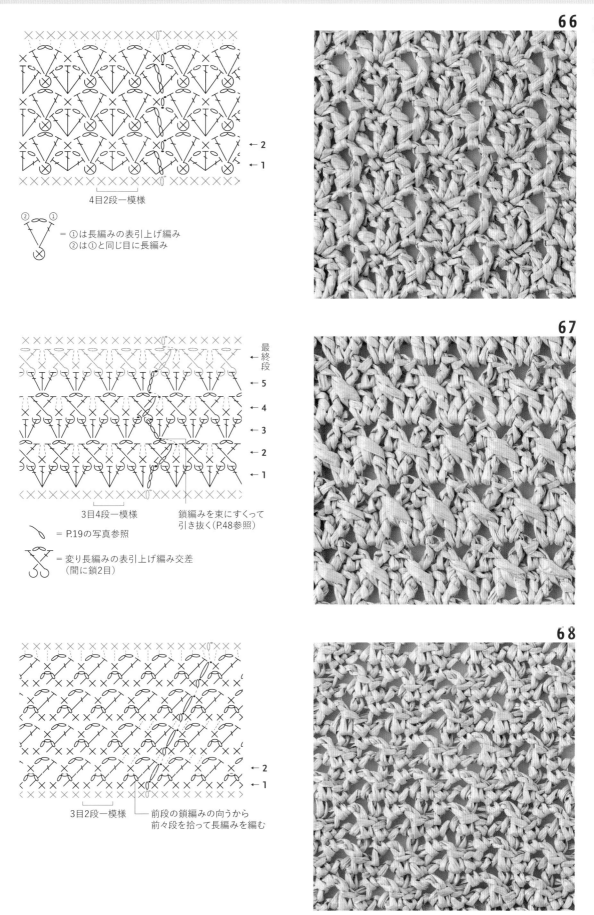

66

←2
←1

4目2段一模様

= ①は長編みの表引き上げ編み
②は①と同じ目に長編み

67

最終段
←5
←4
←3
←2
←1

3目4段一模様

鎖編みを束にすくって
引き抜く(P.48参照)

= P.19の写真参照

= 変り長編みの表引き上げ編み交差
（間に鎖2目）

68

←2
←1

3目2段一模様

前段の鎖編みの向うから
前々段を拾って長編みを編む

69

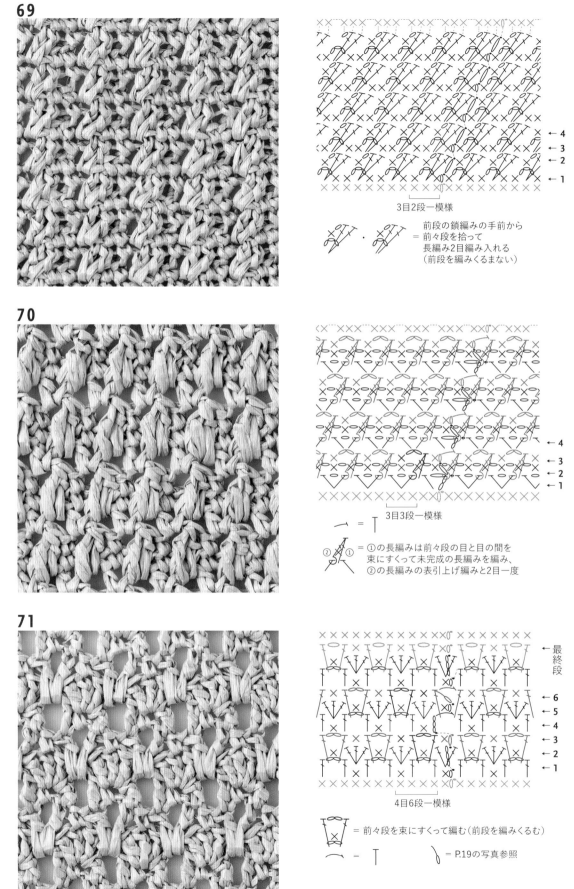

← 4
← 3
← 2
← 1

3目2段一模様

= 前段の鎖編みの手前から
前々段を拾って
長編み2目編み入れる
（前段を編みくるまない）

70

← 4
← 3
← 2
← 1

3目3段一模様

= ╂

① の長編みは前々段の目と目の間を
束にすくって未完成の長編みを編み、
② の長編みの表引き上げ編みと2目一度

71

← 最終段

← 6
← 5
← 4
← 3
← 2
← 1

4目6段一模様

= 前々段を束にすくって編む（前段を編みくるむ）

= ╂   = P.19の写真参照

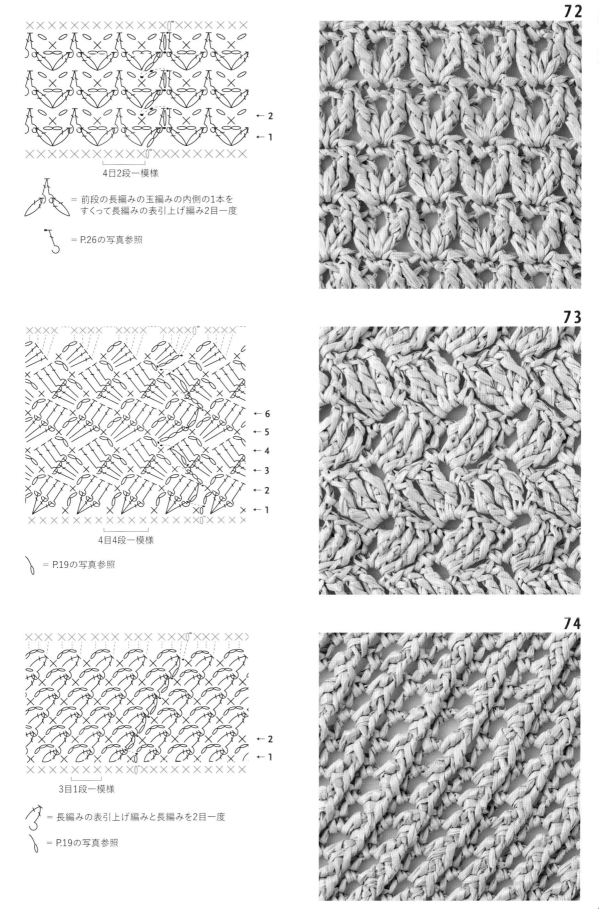

4日2段一模様

= 前段の長編みの玉編みの内側の1本を
すくって長編みの表引き上げ編み2目一度

= P.26の写真参照

← 2
← 1

← 6
← 5
← 4
← 3
← 2
← 1

4目4段一模様

= P.19の写真参照

← 2
← 1

3目1段一模様

= 長編みの表引き上げ編みと長編みを2目一度

= P.19の写真参照

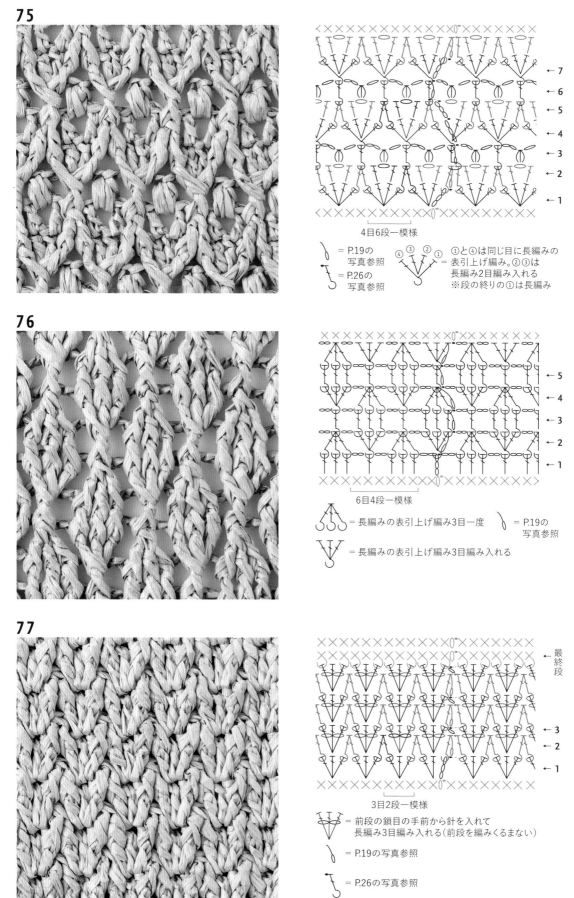

75

←7
←6
←5
←4
←3
←2
←1

4目6段一模様

= P.19の写真参照

= P.26の写真参照

= 表引上げ編み。②③は長編み2目編み入れる
①と④は同じ目に長編みの
※段の終りの①は長編み

76

←5
←4
←3
←2
←1

6目4段一模様

= 長編みの表引上げ編み3目一度

= 長編みの表引上げ編み3目編み入れる

= P.19の写真参照

77

←最終段
←3
←2
←1

3目2段一模様

= 前段の鎖目の手前から針を入れて
長編み3目編み入れる(前段を編みくるまない)

= P.19の写真参照

= P.26の写真参照

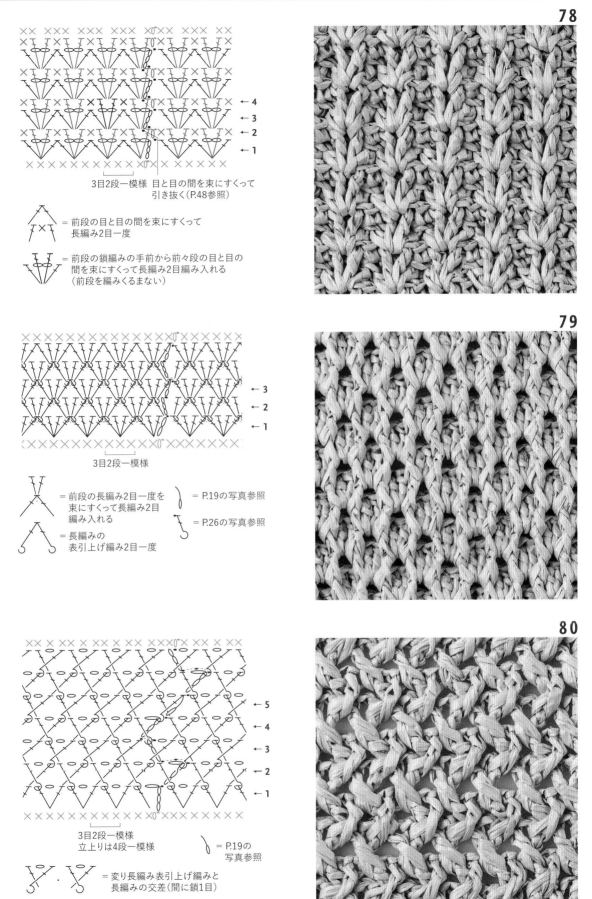

3目2段一模様　目と目の間を束にすくって
引き抜く（P.48参照）

= 前段の目と目の間を束にすくって
長編み2目一度

= 前段の鎖編みの手前から前々段の目と目の
間を束にすくって長編み2目編み入れる
（前段を編みくるまない）

3目2段一模様

= 前段の長編み2目一度を
束にすくって長編み2目
編み入れる

= 長編みの
表引上げ編み2目一度

= P.19の写真参照

= P.26の写真参照

3目2段一模様
立上りは4段一模様

= P.19の
写真参照

= 変り長編み表引上げ編みと
長編みの交差（間に鎖1目）

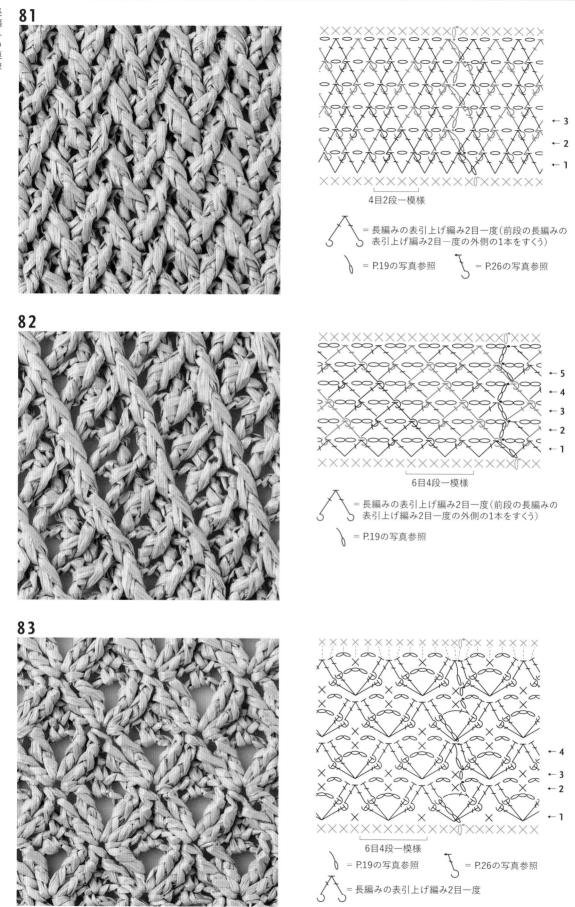

81

4目2段一模様

= 長編みの表引き上げ編み2目一度（前段の長編みの表引き上げ編み2目一度の外側の1本をすくう）

= P.19の写真参照   = P.26の写真参照

←3
←2
←1

82

6目4段一模様

= 長編みの表引き上げ編み2目一度（前段の長編みの表引き上げ編み2目一度の外側の1本をすくう）

= P.19の写真参照

←5
←4
←3
←2
←1

83

6目4段一模様

= P.19の写真参照   = P.26の写真参照

= 長編みの表引き上げ編み2目一度

←4
←3
←2
←1

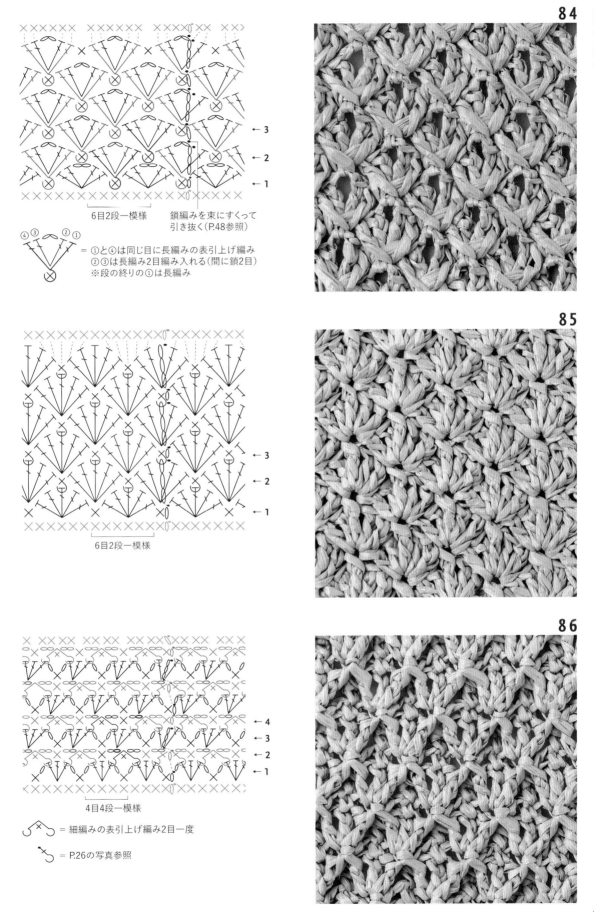

84

6目2段一模様　　　鎖編みを束にすくって
引き抜く(P.48参照)

= ①と④は同じ目に長編みの表引き上げ編み
　②③は長編み2目編み入れる(間に鎖2目)
　※段の終りの①は長編み

85

6目2段一模様

86

4目4段一模様

= 細編みの表引き上げ編み2目一度

= P.26の写真参照

87

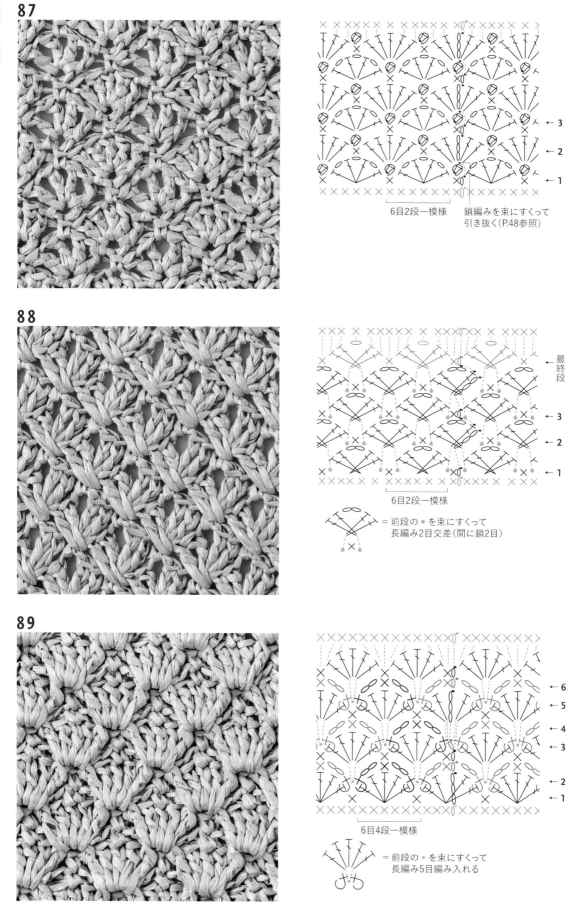

6目2段一模様　　鎖編みを束にすくって
引き抜く(P.48参照)

88

6目2段一模様

= 前段の ● を束にすくって
長編み2目交差(間に鎖2目)

最終段

89

6目4段一模様

= 前段の ● を束にすくって
長編み5目編み入れる

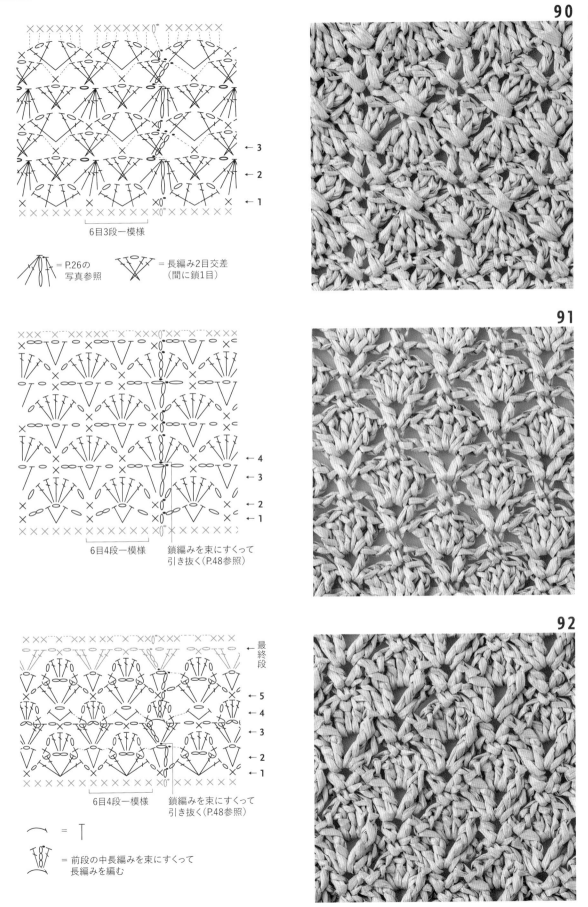

← 3
← 2
← 1

6目3段一模様

= P.26の
写真参照

= 長編み2目交差
（間に鎖1目）

91

← 4
← 3
← 2
← 1

6目4段一模様　鎖編みを束にすくって
引き抜く（P.48参照）

92

最終段

← 5
← 4
← 3
← 2
← 1

6目4段一模様　鎖編みを束にすくって
引き抜く（P.48参照）

= T

= 前段の中長編みを束にすくって
長編みを編む

93

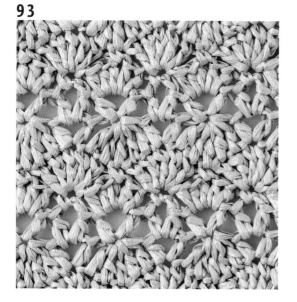

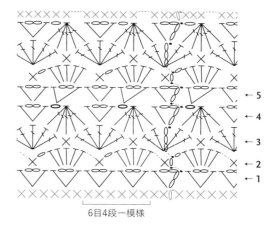

6目4段一模様

94

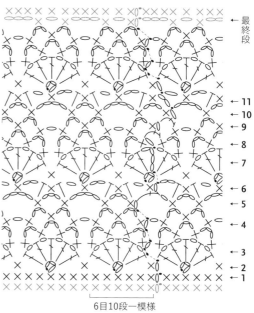

← 最終段

← 11
← 10
← 9
← 8
← 7
← 6
← 5
← 4
← 3
← 2
← 1

6目10段一模様

= 段の終りの引抜き編みは
前段の鎖編みを束にすくう(写真参照)

= 中長編み

束に引き抜く

1 矢印のように鎖編みを束にすくって、糸をかけて引き抜く。　**2** 引抜き編みが編めた。

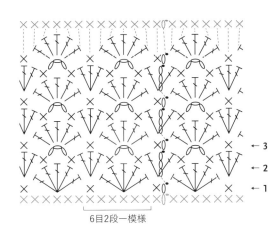

6目2段一模様

←3
←2
←1

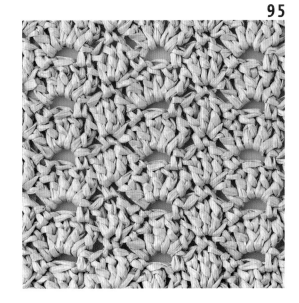

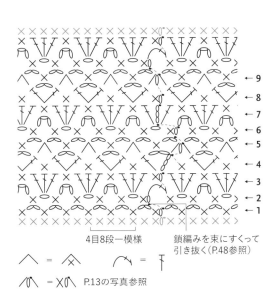

←9
←8
←7
←6
←5
←4
←3
←2
←1

4目8段一模様　　鎖編みを束にすくって
　　　　　　　引き抜く(P.48参照)

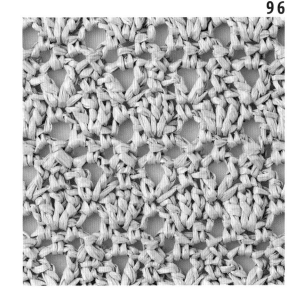

$\wedge$ = $\wedge$　$\frown$ = $\dagger$

$\wedge\!\!\!\wedge$ = $\times$ P.13の写真参照

97

表側（裏側を表として使用する）

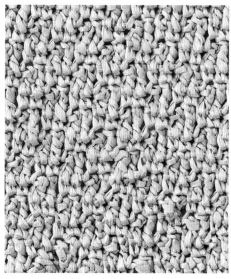

編み地を裏返してから縁編みを編む

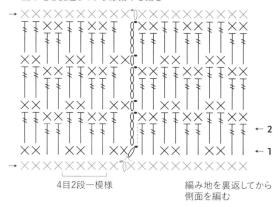

→ ← 2
← 1
→

4目2段一模様

編み地を裏返してから
側面を編む

98

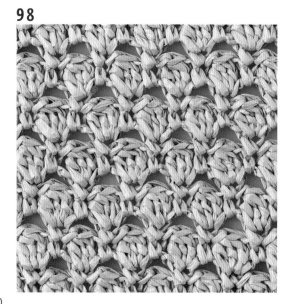

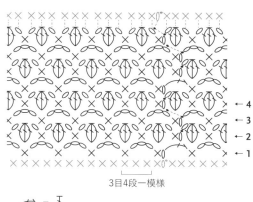

← 4
← 3
← 2
← 1

3目4段一模様

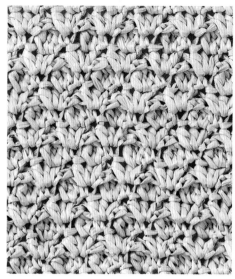 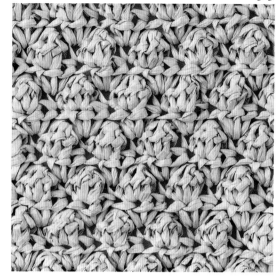

編み地を裏返してから縁編みを編む

→ 4

→ 3

→ 2

→ 1

3目4段一模様　　　　編み地を裏返してから
　　　　　　　　　　側面を編む

 長編み3目の玉編み

 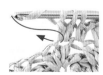 

1　針に糸をかけて、矢印のように針を入れて糸を引き出し、未完成の長編みを編む。

2　針に糸をかけて引き出し、同じ目に未完成の長編みを編む。

3　針に糸をかけて引き出し、同じ目に未完成の長編みを編む。

4　未完成の長編みが3目編めたら、針に糸をかけてすべてのループを引き抜く。

5　長編み3目の玉編みが編めた。

100

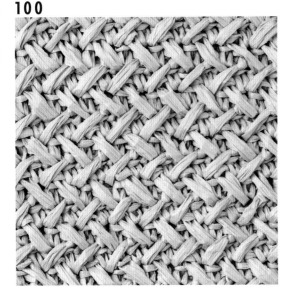

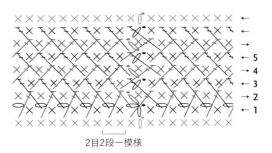

2目2段一模様

1段め
(表から編む段)

1 鎖1目、細編み1目を繰り返して1周編む。段の終りは1目めの鎖目に針を入れて引き抜く。

2 1段めが編めた。

2段め
(裏から編む段)

3 立上りの鎖1目を編み、編み地を裏に返す。前段の1目めの鎖編みを束にすくって細編みを編む。

4 細編みが編めた。針に糸をかけて前々段(3の真下の目)に針を入れる。

5 鎖3目分の糸を引き出す。針に糸をかけて、長編みを編む。

6 長編みが編めた。前段の鎖編みを束にくって細編みを編む。

7 細編みが編めた。針に糸をかけて前々段(6の真下の目)に針を入れて長編みを編む。

8 長編みが編めた。

9 6〜8を繰り返して1周編む。

10 段の終りは、最初の細編みの頭に針を入れて引き抜く。

11 2段めが編めた。

3段め
(表から編む段)

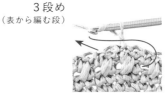

12 立上りの鎖1目を編み、編み地を表に返す。針に糸をかけて前々段を拾って長編みを編む。

13 長編みが編めた。矢印のように前段の長編みの頭に針を入れて細編みを編む。

底	側面	持ち手
A	100	a変形
16段	25段	2段

編み方 P.83

14 細編みが編めた。矢印のように前々段を拾って長編みを編む。

15 長編みが編めた。13、14を繰り返す。

16 段の終りの引抜き編みは、長編みの頭に針を入れる。

17 3段めが編めた。

4段め
（裏から編む段）

18 立上りの鎖1目を編み、編み地を裏に返す。前段の1目めの長編みの頭に針を入れて細編みを編む。

19 前々段の長編みの頭に針を入れて長編みを編む。

20 前段の長編みの頭に針を入れて細編みを編む。

21 19、20を繰り返して1周編む。段の終りは、細編みの頭に引き抜く。

22 4段めが編めた。

5段め
（表から編む段）

23 立上りの鎖1目を編み、編み地を表に返す。前々段の長編みの頭に針を入れて長編みを編む。

24 前段の長編みの頭に針を入れて細編みを編む。

25 前々段の長編みの頭に針を入れて長編みを編む。

26 24、25を繰り返して1周編む。段の終りは、長編みの頭に引き抜く。

27 5段めが編めた。以降、4段め・5段めを繰り返す。

STEP 3 持ち手を編む

持ち手の長さと太さは、バッグの大きさや用途に合わせて調節しましょう。

a 角型

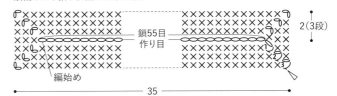

1段めは作り目の両端と上側は鎖半目と裏山を、下側は鎖半目を拾う。
鎖編みから拾う細編みは束に拾う

鎖55目
作り目

編始め

35

2(3段)

b 丸型

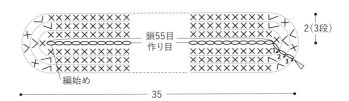

鎖55目
作り目

編始め

35

2(3段)

c 三角型

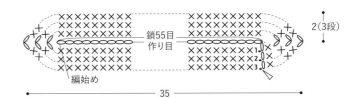

鎖55目
作り目

編始め

35

2(3段)

d 三つ編み

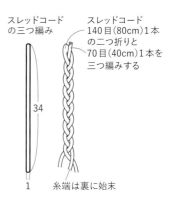

スレッドコード
の三つ編み

スレッドコード
140目(80cm)1本
の二つ折りと
70目(40cm)1本を
三つ編みする

34

1

糸端は裏に始末

e 四つ組み

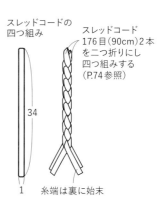

スレッドコードの
四つ組み

スレッドコード
176目(90cm)2本
を二つ折りにし
四つ組みする
(P.74参照)

34

1

糸端は裏に始末

f 一体型

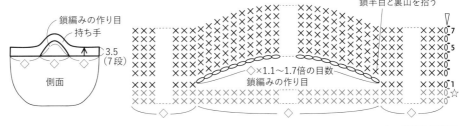

鎖半目と裏山を拾う

鎖編みの作り目
持ち手

3.5
(7段)

側面

◇×1.1〜1.7倍の目数
鎖編みの作り目

☆=側面の最終段

持ち手のつけ方

側面を6等分の位置に2〜5cm重ねて、とじ針で縫いつける（**a**〜**e**共通）。

前後同様に2本（ワンストラップのみ1本）つける。

a 表につける

b 表につける

c 表につける

a 裏につける

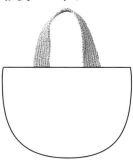

a リングでつける　リングの編み方はP.83

d・e 表につける

d・e 裏につける

a ワンストラップ 表につける

a ワンストラップ 裏につける

abcの変形

持ち手を二つ折りにして、引抜き編みすることで持ち手に厚みが出て丈夫になります。
つけ位置は持ち手のつけ方と同じ。

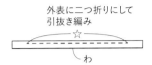

外表に二つ折りにして
引抜き編み
☆
わ

引抜き編み

1 持ち手を外表に二つ折りにし、指定の位置にかぎ針を入れ、糸をかけて引き出す。

2 引き出したところ。左隣の目に入れて、糸をかけて引き抜く。

3 「左隣の目に1目ずつ引き抜く」ことを繰り返す。

a 二つ折りを表につける

b 二つ折りを表につける

c 二つ折りを表につける

a 二つ折りを裏につける

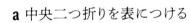

a 中央二つ折りを表につける

c 二つ折りワンストラップ
表につける

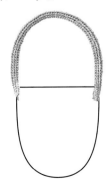

STEP up
アレンジバッグ

底	側面	持ち手
C	73	e
49目	16段	79cm

編み方 P.84

底	側面	持ち手	肩ひも
E	**32**	**f**	**a**
8段	20段	5段	3段

編み方 P.86

底	側面	持ち手
D	**09**	**f**
6段	26段	5段

編み方 P.93

底	側面	持ち手
B	**100**	**a** 変形
20段	31段	3段

編み方 P.88

底	側面	持ち手
B	**07**	**a** 変形
16段	26段	3段

編み方 P.90

底	側面	持ち手
C	**79**	**a**
55目	32段	3段

編み方 P.91

底	側面	持ち手
D	24	b 変形
9段	27段	3段

編み方 P.92

底	側面	持ち手
A	**97**	**a**
24段	26段	3段

編み方 P.95

底	側面	持ち手
E	**77**	**c 変形**
10段	31段	3段

編み方 P.94

底	側面	持ち手
A	**84**	**b**アレンジ
7段	16段	2段

編み方 P.96

底	側面	持ち手
A	**84**	**b**
18段	21段	3段

編み方 P.97

how to make

底	側面	持ち手
A	**100**	**a**変形
16段	25段	2段
編み方 P.83		

編み始める前に読みましょう

ゲージについて

ゲージとは編み目の大きさのことで、10cm四方の目数と段数を示します。同じ目数、同じ段数でも編む人の手加減によって編み目の大きさが違うため、側面の100パターンはゲージを掲載していません。各作品のゲージは編み方ページに掲載していますので参考にしてください。

底と側面の目数合せ

本書に掲載した100パターンは、一模様の目数が、1目・2目・3目・4目・6目の5種類です。
P.4〜7のバッグは底の最終段が108目なので、すべてのパターンが一模様の目数で割り切れます。底の段数を変えたい場合は、必ず最終段の目数を一模様の目数で割り切れるか確かめてください。
割り切れない場合は、段数を変えるか、最終段の目数を増減して調節してください。正方形底は角で1〜2目増やすとバランスよく増し目できます（P.88・90参照）。
ぺたんこ底の作り目数は「一模様×バッグ片面の模様数＋1目」（例：6目×9模様＋1目＝55目）になります。1段めの拾い方はP.78、79をごらんください。

一体型持ち手の立上り位置の調整

輪編みは立上り位置が左右どちらかにずれる模様があります。一体型持ち手は、脇から編み始める持ち手のため、側面を編み終えたら、立上り位置を確認し、調整をしてください。脇に糸を渡す（P.87参照）か糸を切って脇につけ直してから編みましょう。

簡単なサイズ調整

でき上がったバッグをもうひと回り小さく、または大きく編みたいとき、針の太さを変えるだけで簡単にサイズ調整ができます。太い針に変えると「ゆるい編み目」に、細い針を使うと「詰まった編み目」のバッグに仕上がります。

交差編みの編み目記号

下図左の「長編み交差」は②の長編みを編むとき、針を手前から入れて①を編みくるみます。右の「変り長編み交差」は、②を編むときに①の向うから前段をすくって編み、①を編みくるみません。この編み方の記号は交差部分の線が切れています（☆）。中長編み、引上げ編みの記号も同じです。詳しい編み方はP.73を参照してください。

長編み交差 　　変り長編み交差

記号の見方

[根もとがついている記号]
前段の1目に全部の目を編み入れます。前段が鎖編みのときは、鎖目の半目と裏山をすくって編みます。指定の鎖目を拾う模様は、◎のように太線で示しています。✕や●などの根もとを描き分けられない記号についても同様です。

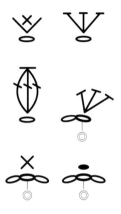

[根もとがついていない記号]
前段が鎖編みのとき、一般的には鎖編みを全部すくって編みます。束にすくうといいます。とくに指定がない場合は、すべて束にすくいます。

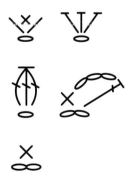

かぎ針編みの基礎

糸の持ち方

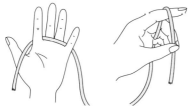

長いほうの糸を小指側にして、人さし指と小指にかけ、親指と中指で糸端から5〜6cmのところを押さえます

針の持ち方

針先から4cmくらいのところを親指と人さし指で軽く持ち、次に中指を針の上に添えます

作り目

2重の輪の作り目

1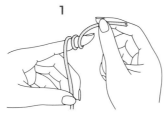

指に2回巻きます

2

糸端を手前にして、輪の中から糸を引き出します

3

1目編みます。この目は立上りの目の数に入れます

4

輪の作り目に細編みを編み入れる

1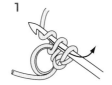

輪の作り目をして鎖1目で立ち上がり、輪の中に針を入れて細編みを必要目数編みます

2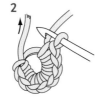

1段めを編み入れたら糸端を少し引っ張り、小さくなったほうの輪を引いて、さらに糸端を引き、輪を引き締めます

3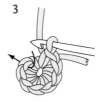

最初の目の頭2本に針を入れて糸をかけて引き抜きます

4

1段めが編めたところ

鎖の作り目

1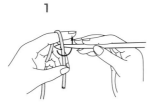

左手にかけた編み糸に針を内側から入れて糸をねじります

2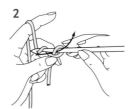

人さし指にかかっている糸を針にかけて引き出します

3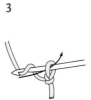

針に糸ををかけて引き出します

4 **5**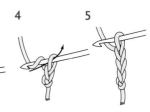

繰り返して必要目数編みます

鎖目からの拾い方

立上り鎖3目
台の目

鎖状になっているほうを下に向け、鎖半目と裏山に針を入れます

半目と裏山を拾う

作り目からの拾い目は鎖半目と裏山に針を入れます。作り目の反対側を拾うときは、残った鎖半目を拾います

70

編み目記号と編み方

鎖編み

1	2	3	4

 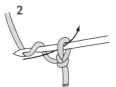 

いちばん基本になる編み方で、作り目や立上りに使います

細編み

1	2	3	4

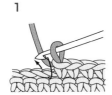 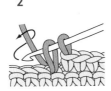  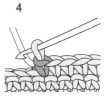

立上りに鎖1目の高さを持つ編み目。針にかかっている2本のループを一度に引き抜きます

細編みの筋編み

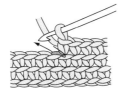 裏側

★引抜き編みや中長編み、長編みの場合も同じ要領で編みます

前段の目の向う側鎖半目をすくって細編みを編みます

中長編み

1	2	3	4

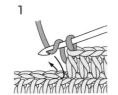 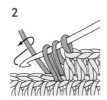 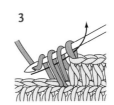 

立上りに鎖2目の高さを持つ編み目。針に1回糸をかけ、針にかかっている3本のループを一度に引き抜きます

長編み

1	2	3	4

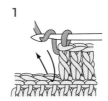 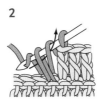 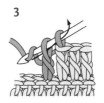 

立上りに鎖3目の高さを持つ編み目。針に1回糸をかけ、針にかかっているループを2本ずつ2回で引き抜きます

長々編み

1	2	3	4

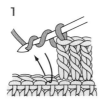 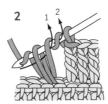  

立上りに鎖4目の高さを持つ編み目。針にかかっているループを2本ずつ3回で引き抜きます

引抜き編み

1 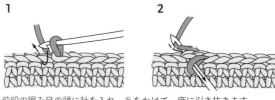 **2** 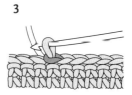 **3**

前段の編み目の頭に針を入れ、糸をかけて一度に引き抜きます

細編み2目
編み入れる

1  **2** 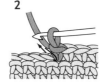 **3** 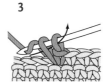 **4**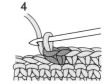

前段の1目に細編み2目編み入れ、1目増します

★ ⋎ は細編み3目編み入れる

長編み2目
編み入れる

1  **2**  **3**  **4**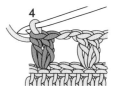

前段の1目に長編み2目編み入れ、1目増します

★目数が異なる場合や、中長編み、引上げ編みの場合も同じ要領で編みます

細編み2目一度

1 **2** **3** 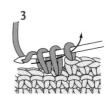 **4**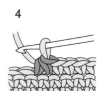

糸を引き出しただけの未完成の2目を、針に糸をかけて一度に引き抜きます。1目減ります

細編み3目一度

1 **2** 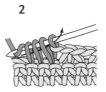 **3**

糸を引き出しただけの未完成の3目を、針に糸をかけて一度に引き抜きます。2目減ります

長編み2目一度

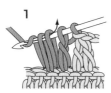

1 **2** 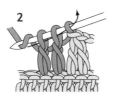 **3**

未完成の長編み2目を、針に糸をかけて一度に引き抜きます。1目減ります

★目数が異なる場合や、中長編み、引上げ編みの場合も同じ要領で編みます

長編み交差

1 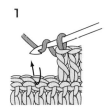 **2**  **3** 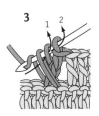 **4**

1目とばして長編みを編み、次に1目手前に針を入れて糸を引き出し、長編みを編みます

★細編み、中長編み、引上げ編みの場合も同じ要領で編みます

変り長編み交差

1 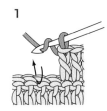 **2** 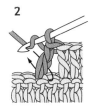 **3**  **4**

1目とばして長編みを編み、次に1目手前に向うから針を入れて糸を引き出し、長編みを編みます

★引上げ編みの場合も同じ要領で編みます

中長編み
3目の玉編み

1 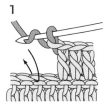 **2** 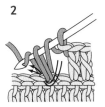 **3** 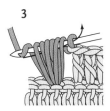 **4**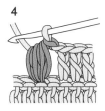

前段の1目に未完成の中長編み3目を編み入れ、一度に引き抜きます

★目数が異なる場合も同じ要領で編みます。長編み3目の玉編みはP.51

長編みの
表引上げ編み

1 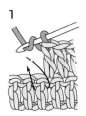 **2** 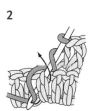 **3**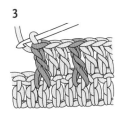

前段の柱を手前側からすくい、長めに糸を引き出して長編みと同じ要領で編みます

★細編み、中長編み、長々編みの場合も同じ要領で編みます

長編みの
裏引上げ編み

1 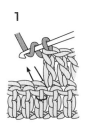 **2** 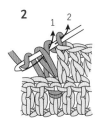 **3**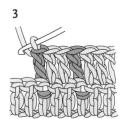

前段の柱を裏側からすくい、長めに糸を引き出して長編みと同じ要領で編みます

★細編み、中長編み、長々編みの場合も同じ要領で編みます

ピコット

1	2	3	4
			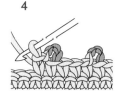

鎖3目を編み、細編みに編み入れ、針にかかっている3ループを引き抜きます

★長編みや中長編みに引き抜く場合も同じ要領で編みます

スレッドコード

1	2	3	4
	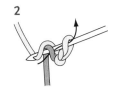	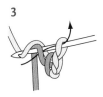	

糸端は出来上り寸法の3倍残し、鎖を1目編みます。残した糸端を手前から向う側にかけ、
もう一方の糸を針にかけて引き抜きます。2を繰り返します

四つ組み

1	2	3	4	5
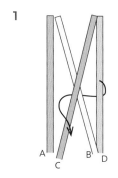	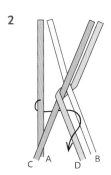	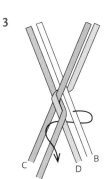	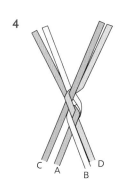	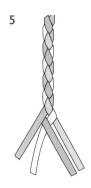

糸は出来上り寸法の1.3〜1.4倍を4本（または二つ折り2本）用意し、テープなどで仮どめします。
糸をしっかり引き締めながら矢印のように交差します。1〜3まで組んだら、2、3に戻ります。以降2、3を繰り返して最後まで組みます

はぎ方・縫い方

巻きかがりはぎ

1	2
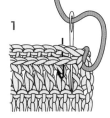	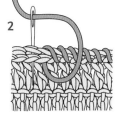

2枚の編み地を外表に合わせ、
鎖目の頭を2本ずつすくってはぎ合わせます

引抜きはぎ

1	2
	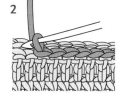

2枚の編み地を合わせ、
鎖目の頭を2本ずつ拾って引抜き編みを編みます

半返し縫い

とじ針で「1針縫い、1針
の半分戻る」を繰り返し
ます

作品の編み方

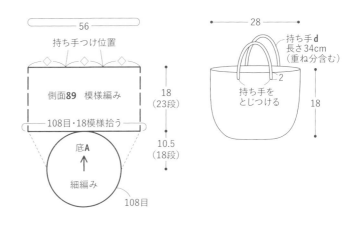

底	側面	持ち手
A	89	d
18段	23段	34cm

糸：ハマナカ エコアンダリヤ
　　ベージュ(23)　125g

針：7/0号かぎ針

ゲージ：
[細編み]18目17.5段が10cm四方
[模様編み]19.5目12.5段が10cm四方

サイズ：幅28cm、深さ18cm

編み方：
糸は1本どりで編みます。
輪の作り目をして編み始めます。底
A(P.4)を18段編みます。続けて側
面89(P.46)を増減なく編みます。持
ち手dを2本作り、側面にとじつけ
ます。

持ち手d　2本

スレッドコード
の三つ編み

スレッドコード
140目(80cm)1本
の二つ折りと
70目(40cm)1本を
三つ編みする

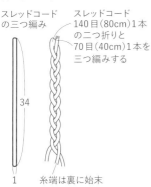

34

1

糸端は裏に始末

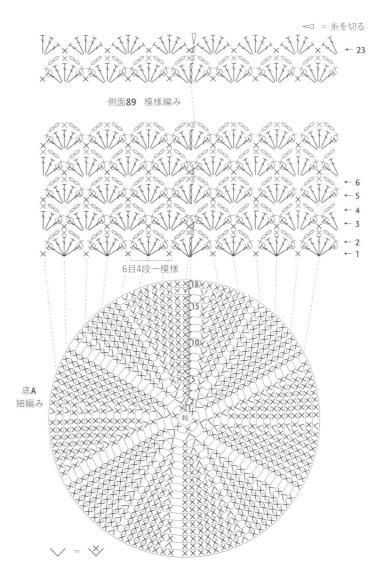

底	側面	持ち手
B	**89**	**d**
14段	23段	34cm

糸：ハマナカ エコアンダリヤ
　　ベージュ(23)　120g
針：7/0号かぎ針
ゲージ：
[細編み]18目16.5段が10cm四方
[模様編み]19.5目12.5段が10cm四方
サイズ：幅28cm、深さ18cm
編み方：
糸は1本どりで編みます。
輪の作り目をして編み始めます。底
B(P.5)を14段編みます。続けて側
面**89**(P.46)を増減なく編みます。持
ち手**d**を2本作り、側面にとじつけ
ます。

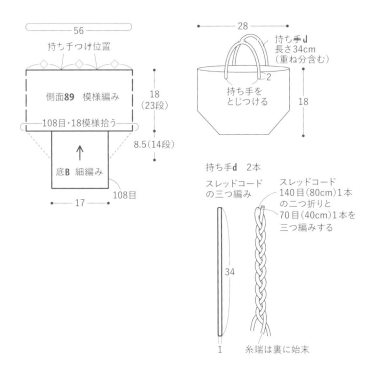

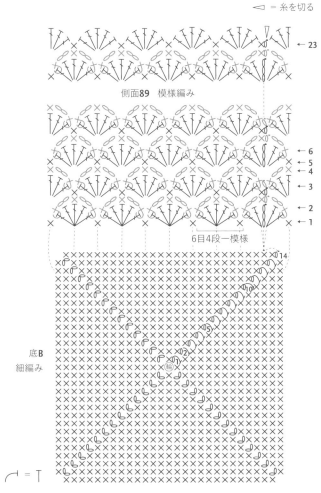

PAGE **6**

底	側面	持ち手
D	**89**	**d**
10段	23段	34cm

糸：ハマナカ エコアンダリヤ
　　ベージュ(23)　115g
針：7/0号かぎ針
ゲージ：
[細編み]18目16.5段が10cm四方
[模様編み]19.5目12.5段が10cm四方
サイズ：幅28cm、深さ18cm
編み方：
糸は1本どりで編みます。
鎖編み26目作り目をして編み始めます。底**D**(P.6)を10段編みます。続けて側面**89**(P.46)を増減なく編みます。持ち手**d**(P.76)を2本作り、側面にとじつけます。

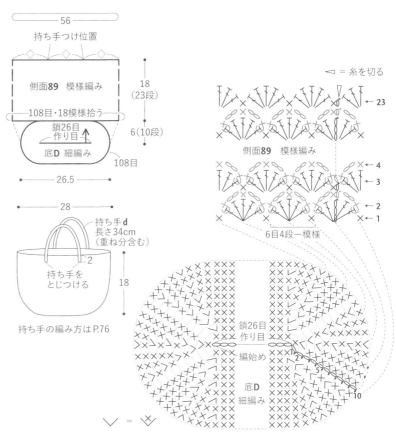

側面**89**　模様編み

⊲ = 糸を切る

6目4段一模様

鎖26目作り目

編始め

底**D** 細編み

持ち手**d** 長さ34cm(重ね分含む)

持ち手をとじつける

持ち手の編み方はP.76

⋁ = ⋙

PAGE **7**

底	側面	持ち手
E	**89**	**d**
8段	23段	34cm

糸：ハマナカ エコアンダリヤ
　　ベージュ(23)　115g
針：7/0号かぎ針
ゲージ：
[細編み]18目16段が10cm四方
[模様編み]19.5目12.5段が10cm四方
サイズ：幅28cm、深さ18cm
編み方：
糸は1本どりで編みます。
鎖編み25目作り目をして編み始めます。底**E**(P.7)を8段編みます。続けて側面**89**(P.46)を増減なく編みます。持ち手**d**(P.76)を2本作り、側面にとじつけます。

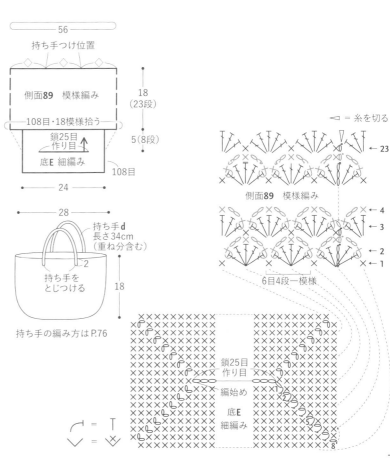

側面**89**　模様編み

⊲ = 糸を切る

6目4段一模様

鎖25目作り目

編始め

底**E** 細編み

持ち手**d** 長さ34cm(重ね分含む)

持ち手をとじつける

持ち手の編み方はP.76

⤻ = ⊤
⋁ = ⋙

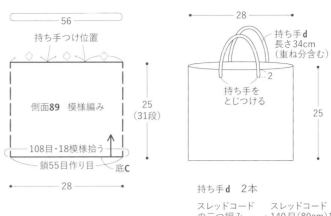

底	側面	持ち手
C	**89**	d
55目	31段	34cm

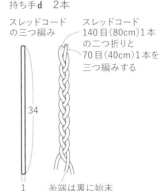

糸：ハマナカ エコアンダリヤ
　　ベージュ（23）　125g
針：7/0号かぎ針
ゲージ：
[模様編み]19.5目12.5段が10cm四方
サイズ：幅28cm、深さ25cm
編み方：
糸は1本どりで編みます。
鎖編み55目作り目（底**C**）をして編み
始め、側面**89**（P.46）を増減なく編み
ます。持ち手**d**を2本作り、側面に
とじつけます。

持ち手**d**　2本

スレッドコード
の三つ編み

スレッドコード
140目（80cm）1本と
の二つ折りと
70目（40cm）1本を
三つ編みする

糸端は裏に始末

⊲ ＝糸を切る

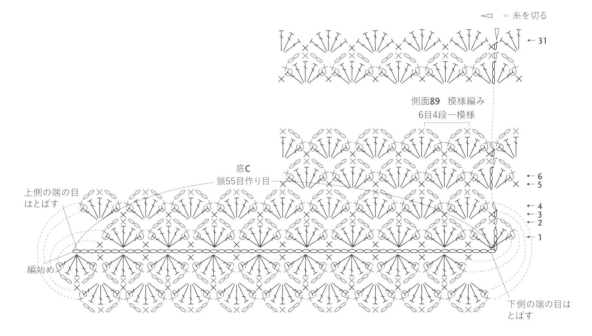

側面**89**　模様編み
6目4段一模様

底**C**
鎖55目作り目

上側の端の目
はとばす

編始め

下側の端の目は
とばす

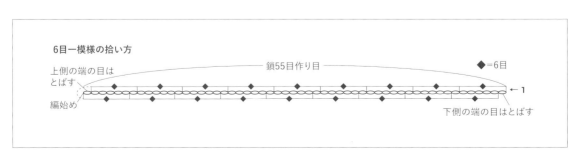

6目一模様の拾い方
鎖55目作り目
◆＝6目
上側の端の目は
とばす
編始め
下側の端の目はとばす

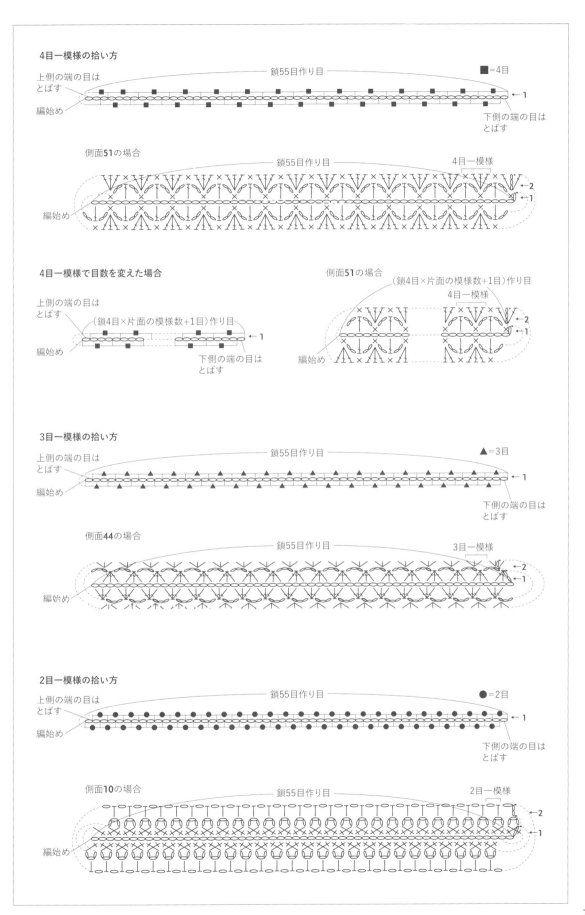

4目一模様の拾い方

鎖55目作り目

上側の端の目は
とばす

■=4目

編始め

←1

下側の端の目は
とばす

側面**51**の場合

鎖55目作り目

4目一模様

←2
←1

編始め

4目一模様で目数を変えた場合

側面**51**の場合

上側の端の目は
とばす

（鎖4目×片面の模様数+1目）作り目

（鎖4目×片面の模様数+1目）作り目

4目一模様

←2
←1

編始め

←1

編始め

下側の端の目は
とばす

3目一模様の拾い方

鎖55目作り目

上側の端の目は
とばす

▲=3目

編始め

←1

下側の端の目は
とばす

側面**44**の場合

鎖55目作り目

3目一模様

←2
←1

編始め

2目一模様の拾い方

鎖55目作り目

上側の端の目は
とばす

●=2目

編始め

←1

下側の端の目は
とばす

側面**10**の場合

鎖55目作り目

2目一模様

←2
←1

編始め

底	側面	持ち手
A	**01**	**a**変形
16段	22段	2段

糸：ハマナカ エコアンダリヤ
　　ベージュ(23)　100g
針：7/0号かぎ針
ゲージ：
[細編み]18目17段が10cm四方
[模様編み]17目13段が10cm四方
サイズ：幅28cm、深さ17cm
編み方：
糸は1本どりで編みます。
輪の作り目をして編み始めます。底
A(P.4)を16段編みます。続けて側
面**01**(P.10)を増減なく編みます。持
ち手**a**変形を2本作り、側面に半返
し縫いでつけます。

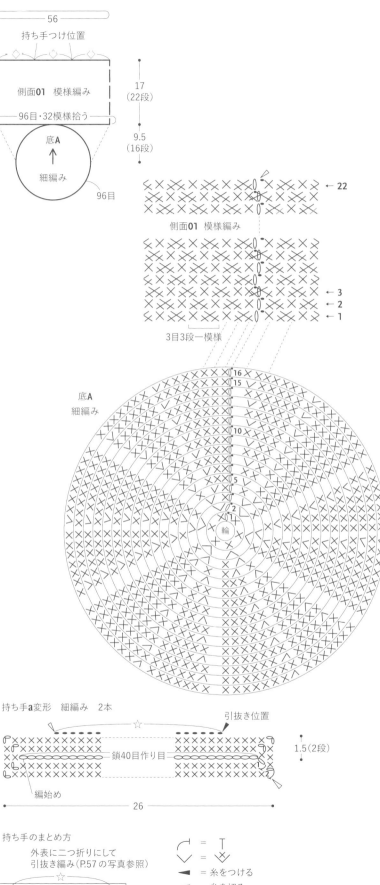

側面01　模様編み

3目3段一模様

底**A**
細編み

56

持ち手つけ位置

側面**01**　模様編み

96目・32模様拾う

底**A**

細編み

96目

17
(22段)

9.5
(16段)

←22

←3
←2
←1

28

持ち手**a**変形
長さ26cm
(重ね分含む)

表

持ち手を裏に
半返し縫いで
つける

17

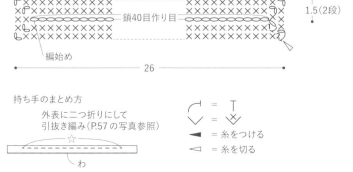

持ち手**a**変形　細編み　2本

引抜き位置

鎖40目作り目

編始め

26

1.5(2段)

持ち手のまとめ方

外表に二つ折りにして
引抜き編み(P.57の写真参照)

わ

= T
= ⋎
= 糸をつける
= 糸を切る

PAGE 15

底	側面	持ち手
A	13	a変形
16段	21段	2段

糸：ハマナカ エコアンダリヤ
　　ベージュ(23)　100g
針：7/0号かぎ針
ゲージ：
[細編み]18目17段が10cm四方
[模様編み]16.5目12段が10cm四方
サイズ：幅29cm、深さ18cm
編み方：
糸は1本どりで編みます。
輪の作り目をして編み始めます。底
A(P.4)を16段編みます。続けて側
面13(P.16)を増減なく編みます。さ
らに続けて細編みを編みます。持ち
手a変形(P.80)を2本作り、側面に
半返し縫いでつけます。

58
持ち手つけ位置　細編み
96目拾う
側面13　模様編み
96目・16模様拾う
0.5 (1段)
17.5 (21段)
9.5 (16段)

底A
細編み
96目

持ち手の編み方はP.80

29
表　持ち手a変形 長さ26cm (重ね分含む)
持ち手を裏に半返し縫いでつける
18

◁ = 糸を切る

細編み
側面13　模様編み
←1
←21
←6
←5
←4
←3
←2
←1
6目6段一模様

底A
細編み
∨ = ⋎

PAGE 25

底	側面	持ち手
A	31	a変形
16段	13段	2段

糸：ハマナカ エコアンダリヤ
　　ベージュ(23)　105g
針：7/0号かぎ針
ゲージ：
[細編み]18目17段が10cm四方
[模様編み]16目7.5段が10cm四方
サイズ：幅30cm、深さ18cm
編み方：
糸は1本どりで編みます。
輪の作り目をして編み始めます。底
A(P.4)を16段編みます。続けて側
面31(P.26)を増減なく編みます。さ
らに続けて細編みを編みます。持ち
手a変形(P.80)を2本作り、側面に
半返し縫いでつけます。

60
持ち手つけ位置　細編み
96目拾う
側面31　模様編み
96目・24模様拾う
1 (2段)
17 (13段)
9.5 (16段)

底A
細編み
96目

持ち手の編み方はP.80

30
表　持ち手a変形 長さ26cm (重ね分含む)
持ち手を裏に半返し縫いでつける
18

◁ = 糸を切る

細編み
←2
←1
←13
側面31　模様編み
←2
←1
4目1段一模様

底A
細編み
∨ = ⋎

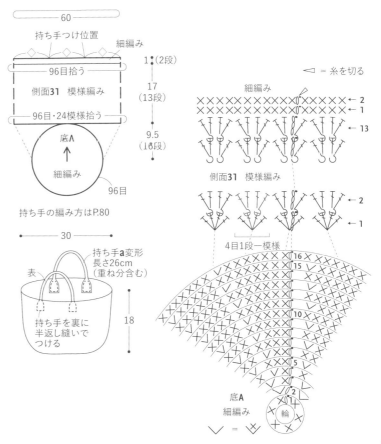

PAGE 15

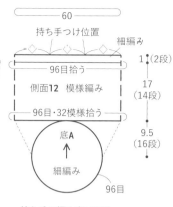

60

持ち手つけ位置

細編み

96目拾う

側面**12** 模様編み

96目・32模様拾う

1（2段）

17
（14段）

9.5
（16段）

底A

↑

細編み

96目

持ち手の編み方はP.80

底	側面	持ち手
A	**12**	**a**変形
16段	14段	2段

糸：ハマナカ エコアンダリヤ
　　ベージュ（23）　95g
針：7/0号かぎ針
ゲージ：
［細編み］18目17段が10cm四方
［模様編み］16目8段が10cm四方
サイズ：幅30cm、深さ18cm
編み方：
糸は1本どりで編みます。
輪の作り目をして編み始めます。底
A（P.4）を16段編みます。続けて側
面**12**（P.16）を増減なく編みます。さ
らに続けて細編みを編みます。持ち
手**a**変形（P.80）を2本作り、側面に
半返し縫いでつけます。

30

表

持ち手**a**変形
長さ26cm
（重ね分含む）

持ち手を裏に
半返し縫いで
つける

18

細編み　　　　　　◁ ＝糸を切る

←2
←1
←14

側面**12** 模様編み

←6
←5
←4
←3
←2
←1

3目6段一模様

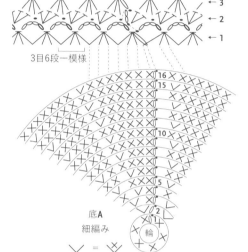

底A
細編み

∨ ＝ ∨

16
15
10
5
2
1
輪

PAGE 25

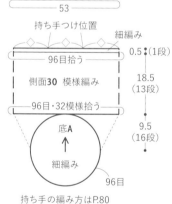

53

持ち手つけ位置

細編み

96目拾う

側面**30** 模様編み

96目・32模様拾う

0.5（1段）

18.5
（13段）

9.5
（16段）

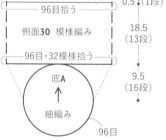

底A

↑

細編み

96目

持ち手の編み方はP.80

底	側面	持ち手
A	**30**	**a**変形
16段	13段	2段

糸：ハマナカ エコアンダリヤ
　　ベージュ（23）　100g
針：7/0号かぎ針
ゲージ：
［細編み］18目17段が10cm四方
［模様編み］18目7段が10cm四方
サイズ：幅26.5cm、深さ19cm
編み方：
糸は1本どりで編みます。
輪の作り目をして編み始めます。底
A（P.4）を16段編みます。続けて側
面**30**（P.26）を増減なく編みます。さ
らに続けて細編みを編みます。持ち
手**a**変形（P.80）を2本作り、側面に
半返し縫いでつけます。

26.5

表

持ち手**a**変形
長さ26cm
（重ね分含む）

持ち手を裏に
半返し縫いで
つける

19

細編み　　　　　　◁ ＝糸を切る

←1
←13

側面**30** 模様編み

←2
←1

3目2段一模様

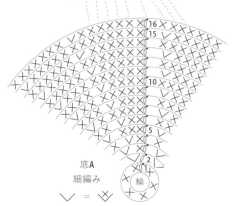

底A
細編み

∨ ＝ ∨

16
15
10
5
2
1
輪

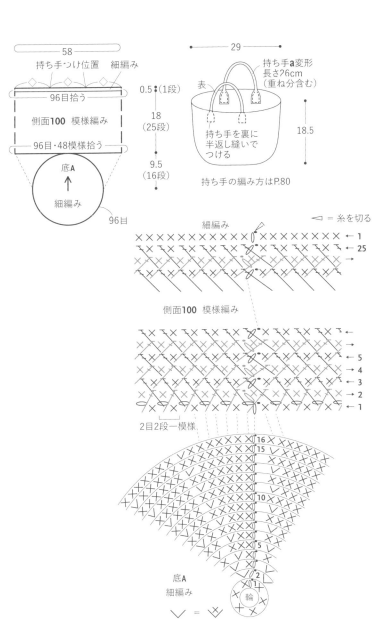

底	側面	持ち手
A	100	a変形
16段	25段	2段

糸：ハマナカ エコアンダリヤ
　　　ベージュ(23)　140g
針：7/0号かぎ針
ゲージ：
[細編み]18目17段が10cm四方
[模様編み]16.5目14段が10cm四方
サイズ：幅29cm、深さ18.5cm
編み方：
糸は1本どりで編みます。
輪の作り目をして編み始めます。底
A(P.4)を16段編みます。続けて側
面100(P.52)を増減なく編みます。
さらに続けて細編みを編みます。持
ち手a変形(P.80)を2本作り、側面
に半返し縫いでつけます。

58
持ち手つけ位置　細編み
96目拾う
側面100 模様編み
96目・48模様拾う

底A
↑
細編み
96目

0.5(1段)
18
(25段)
9.5
(16段)

29
持ち手a変形
長さ26cm
(重ね分含む)
表
持ち手を裏に
半返し縫いで
つける
18.5
持ち手の編み方はP.80

◁ = 糸を切る
細編み
← 1
← 25
→
側面100 模様編み
← 6
← 5
← 4
← 3
← 2
← 1
2目2段一模様
16
15
10
5
2
1
底A
細編み
輪
∨ = ⩗

リングつき持ち手

糸：ハマナカ エコアンダリヤ
　　　ベージュ(23)　20g
針：7/0号かぎ針
その他：直径3.5cmのリングを4個
サイズ：幅3.5cm、長さ39cm
編み方：
糸は1本どりで編みます。
持ち手a は鎖編みの作り目をして編
み始めます。1段めは作り目の両端
と上側は鎖半目と裏山を、下側は鎖
半目を拾って編みます。リングを細
編みで編みくるみます。持ち手の両
端に通して縫いとめます。2本作り
ます。

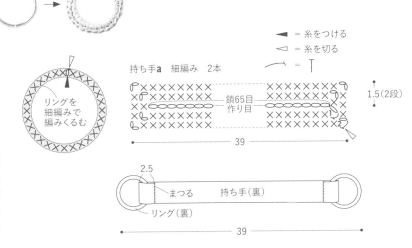

◀ = 糸をつける
◁ = 糸を切る
⌢ = ↑

リングを
細編みで
編みくるむ

持ち手a 細編み 2本
鎖65目
作り目
1.5(2段)
39

2.5
まつる　持ち手(裏)
リング(裏)
39

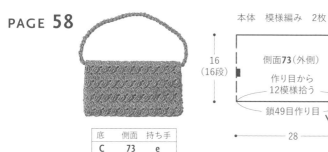

底	側面	持ち手
C	**73**	**e**
49目	16段	79cm

糸：ハマナカ エコアンダリヤ
　　ブルーグリーン（63）　155g
針：7/0号かぎ針
その他：ボタン　直径1.5cm・1.3cm
を各1個、マグネットホック　直径
1.8cmを1組み
ゲージ：
［模様編み］17.5目10段が10cm四方
サイズ：幅28cm、深さ14cm
編み方：
糸は1本どりで編みます。
本体は鎖編み49目作り目（底**C**）をし
て編み始めます。13段まで外側・内
側とも側面**73**（P.41）で編み、14・15
段めは外側は模様編み、内側は縁編
みを続けて編みます。16段めは外
側のみ編みます。同じものを2枚編
みますが、1枚は糸端を60cmほど
残して切ります。2枚を突合せにし
て、残した糸をとじ針に通し、巻き
かがりにします。指定の位置に鎖編
みのループ、ボタン、マグネットホ
ックをつけます。持ち手**e**を作り、
端にループとボタンをつけ、本体両
脇のループに通します。
★持ち手を外してクラッチバッグと
しても使えます。

本体　模様編み　2枚

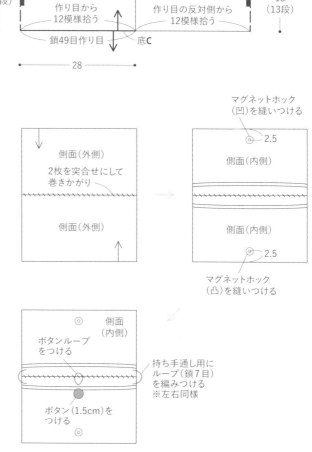

マグネットホック
（凹）を縫いつける

2.5

側面（外側）
2枚を突合せにして
巻きかがり
側面（外側）

側面（内側）
2.5
マグネットホック
（凸）を縫いつける

側面
（内側）
ボタンループ
をつける
持ち手通し用に
ループ（鎖7目）
を編みつける
※左右同様
ボタン（1.5cm）を
つける

持ち手**e**　1本
スレッドコードの
四つ組み

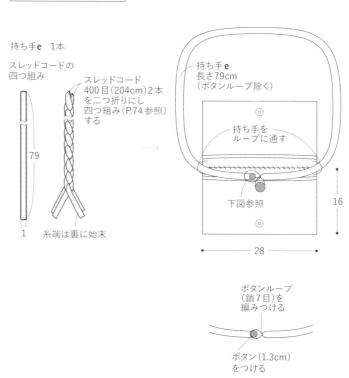

スレッドコード
400目（204cm）2本
を二つ折りにし
四つ組み（P.74参照）
する

79

1　糸端は裏に始末

持ち手**e**
長さ79cm
（ボタンループ除く）
持ち手を
ループに通す
下図参照

16
28

ボタンループ
（鎖7目）を
編みつける

ボタン（1.3cm）
をつける

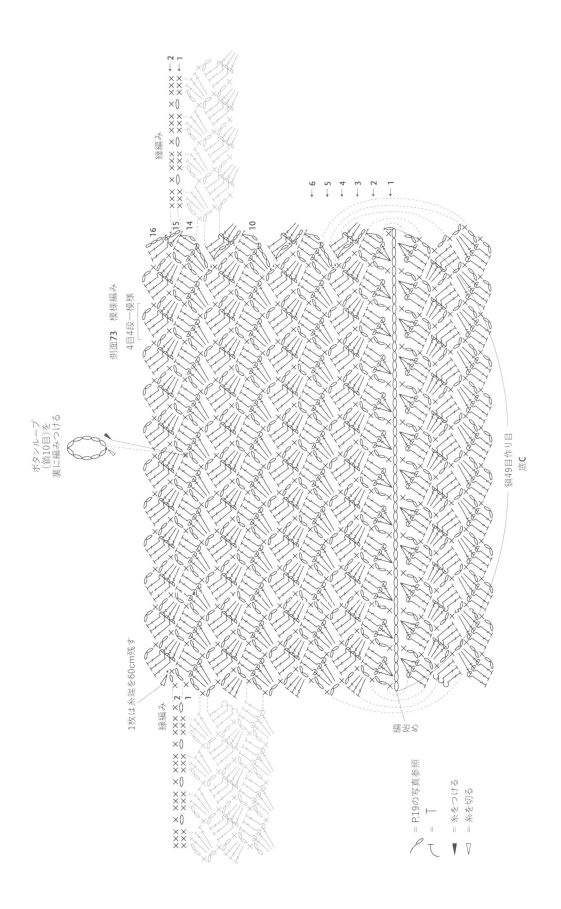

縁編み

ボタンループ
(鎖10目)を
裏に編みつける

側面73　模様編み
4目4段一模様

縁編み

16　15　14

10

1枚は糸端を60cm残す

縁編み ×2
1

鎖49目作り目

底C

編始め

= P.19の写真参照

T

= 糸をつける

= 糸を切る

2　1

6　5　4　3　2　1

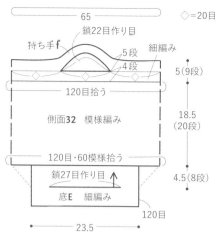

◇=20目

65

持ち手f
鎖22目作り目
5段
4段
細編み
5(9段)
120目拾う
側面32　模様編み
18.5
(20段)
120目・60模様拾う
鎖27目作り目
底E　細編み
120目
4.5(8段)
23.5

肩ひも　持ち手aアレンジ　細編み　1本

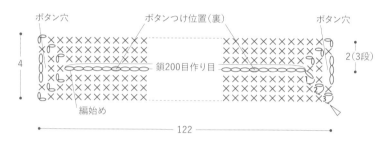

ボタン穴　　　　　ボタンつけ位置(裏)　　　　ボタン穴
鎖200目作り目
4
2(3段)
編始め
122

底	側面	持ち手	肩ひも
E	**32**	f	a
8段	20段	5段	3段

糸：ハマナカ エコアンダリヤ
　　黒(30)　160g
針：7/0号かぎ針
その他：ボタン　直径2cmを2個
ゲージ：
[細編み]18.5目18段が10cm四方
[模様編み]18.5目11段が10cm四方
サイズ：幅32.5cm、深さ23.5cm
編み方：
糸は1本どりで編みます。
鎖編み27目作り目をして編み始め
ます。底Eを8段編みますが、最終
段は図のように角で増します。続
けて側面32(P.27)を増減なく編みま
す。脇に糸を渡して、細編みを4段
編みます。続けて持ち手fを編みま
すが、前後中央に持ち手の鎖22目
を編みます。次段は鎖編みの両側で
図のように減らしながら編みます。
肩ひもは鎖200目作り目をして編み
始めます。3段めは、図のように2
か所にボタン穴を作ります。裏側の
指定の位置にボタンをつけます。細
編みの裏側にスレッドコードをとじ
つけ、肩ひもを通し、折り上げてボ
タンにかけます。

肩ひものつけ方

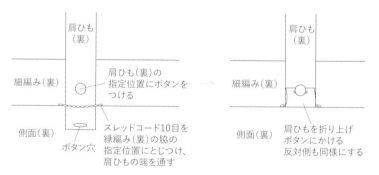

肩ひも
(裏)
細編み(裏)
肩ひも(裏)の
指定位置にボタンを
つける
側面(裏)
ボタン穴
スレッドコード10目を
縁編み(裏)の脇の
指定位置にとじつけ、
肩ひもの端を通す
肩ひも
(裏)
細編み(裏)
肩ひもを折り上げ
ボタンにかける
反対側も同様にする
側面(裏)

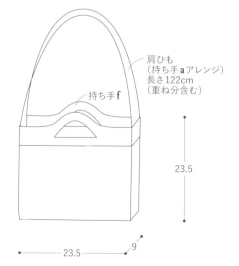

持ち手f
肩ひも
(持ち手aアレンジ)
長さ122cm
(重ね分含む)
23.5
23.5
9

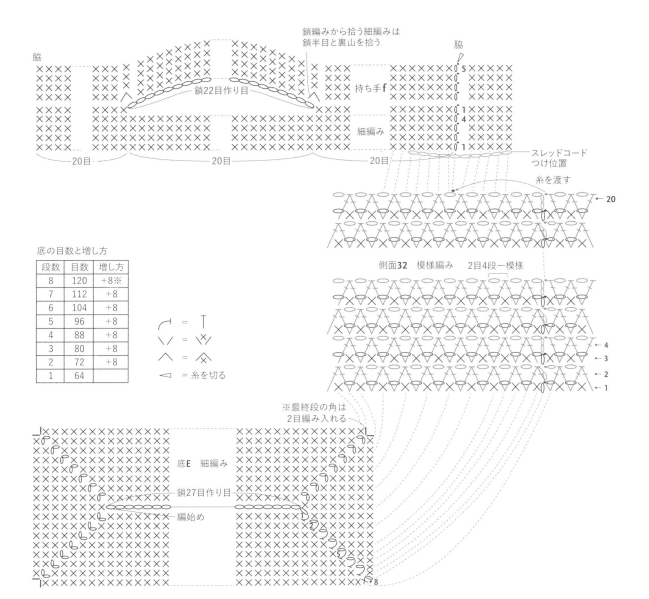

脇

鎖編みから拾う細編みは
鎖半目と裏山を拾う

脇

鎖22目作り目

持ち手f

細編み

0 5

0 1
0 4

0 1

—20目— —20目— —20目—

スレッドコード
つけ位置

糸を渡す

←20

側面32　模様編み　2目4段一模様

←4
←3
←2
←1

底の目数と増し方

段数	目数	増し方
8	120	+8※
7	112	+8
6	104	+8
5	96	+8
4	88	+8
3	80	+8
2	72	+8
1	64	

$\curvearrowright$ = $\top$

$\diagdown\diagup$ = 〤

$\wedge$ = 〤

$\triangleleft$ = 糸を切る

※最終段の角は
2目編み入れる

底E　細編み

鎖27目作り目

編始め

2
5
8

糸の渡し方

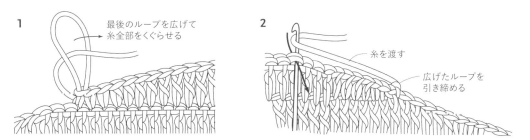

1

最後のループを広げて
糸全部をくぐらせる

2

糸を渡す

広げたループを
引き締める

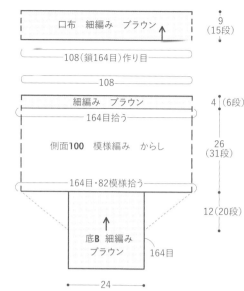

底	側面	持ち手
B	100	a変形
20段	31段	3段

口布　細編み　ブラウン↑
9
(15段)

108(鎖164目)作り目

108

細編み　ブラウン
4（6段）
164目拾う

26
(31段)

側面100　模様編み　からし

164目・82模様拾う

12(20段)

底**B**　細編み
ブラウン

164目

24

底の目数と増し方

段数	目数	増し方
20	164	+8※
19	156	+8
18	148	+8
17	140	+8
16	132	+8
15	124	+8
14	116	+8
13	108	+8
12	100	+8
11	92	+8
10	84	+8
9	76	+8
8	68	+8
7	60	+8
6	52	+8
5	44	+8
4	36	+8
3	28	+8
2	20	+8
1	12	

糸：ハマナカ エコアンダリヤ
　　からし(139)　215g、
　　ブラウン(59)　170g
針：7/0号かぎ針
その他：マグネットホック　直径
1.4cmを1組み
ゲージ：
［細編み］17目16.5段が10cm四方
［模様編み］15目12段が10cm四方
サイズ：幅54cm、深さ30cm
編み方：
糸は1本どりで指定の配色で編みます。
輪の作り目をして編み始めます。
底**B**を20段編みますが、最終段は
図のように角で増します。側面**100**
(P.52)を増減なく31段編んだら、糸
をつけて細編みを編みます。口布は
鎖164目作り目をして鎖半目と裏山
を拾って細編みを1段編んだら、最
初の目に引き抜いて輪にし、増減な
く編みます。持ち手とタブは鎖編み
の作り目をして編みます。口布にマ
グネットホックをつけ、タブを縫い
つけます。持ち手**a**変形を2本作り
ます。側面、持ち手、口布を3枚重
ねて、入れ口を引抜き編みでつけま
す。

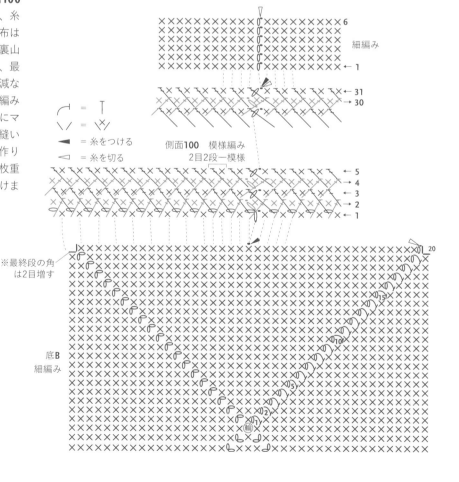

細編み

6

←1

←31
→30

= ┬
= ╲╳╱
◢ = 糸をつける
◁ = 糸を切る

側面**100**　模様編み
2目2段一模様

←5
→4
←3
→2
←1

※最終段の角
は2目増す

20

15

10

5

底**B**
細編み

輪

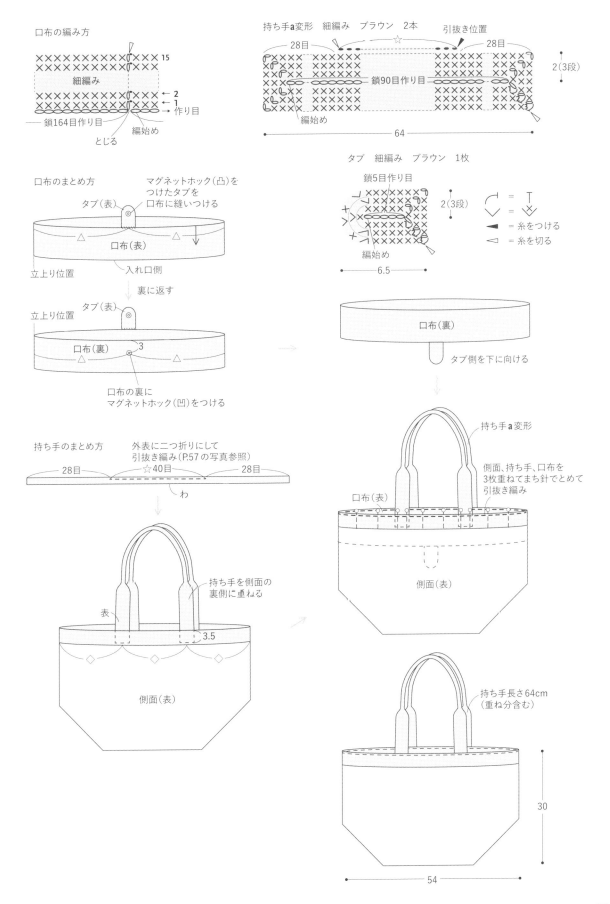

口布の編み方

×××××××××××××××× 15
細編み
←2
←1
→作り目
─ 鎖164目作り目
とじる
編始め

持ち手a変形　細編み　ブラウン　2本
28目　　　☆　　引抜き位置　28目
2（3段）
鎖90目作り目
編始め
64

タブ　細編み　ブラウン　1枚
鎖5目作り目
2（3段）
編始め
6.5

＝ T
＝ ×
◀ ＝ 糸をつける
◁ ＝ 糸を切る

口布のまとめ方
マグネットホック（凸）を
つけたタブを
口布に縫いつける
タブ（表）
口布（表）
立上り位置
入れ口側

裏に返す

タブ（表）
立上り位置
口布（裏）3
口布の裏に
マグネットホック（凹）をつける

口布（裏）
タブ側を下に向ける

持ち手のまとめ方
外表に二つ折りにして
引抜き編み（P.57の写真参照）
28目　　☆40目　　28目
わ

持ち手a変形
側面、持ち手、口布を
3枚重ねてまち針でとめて
引抜き編み
口布（表）
側面（表）

表
持ち手を側面の
裏側に重ねる
3.5
側面（表）

持ち手長さ64cm
（重ね分含む）
30
54

89

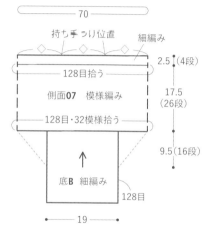

底	側面	持ち手
B	07	a変形
16段	26段	3段

糸：ハマナカ エコアンダリヤ
　　ゴールド（170）　145g
針：7/0号かぎ針
ゲージ：
［細編み］18目17段が10cm四方
［模様編み］18.5目15段が10cm四方
サイズ：幅35cm、深さ20cm
編み方：
糸は1本どりで編みます。
輪の作り目をして編み始めます。底
Bを16段編みますが、最終段は図
のように角で増し、模様編みが一辺
8模様になるよう3目編み入れます。
側面**07**（P.13）を増減なく編みます。
糸を渡して細編みを編みます。編終
りに結びひもの鎖編みを編みます。
反対側は糸をつけて編みます。持ち
手**a**変形を2本作り、半返し縫いで
つけます。

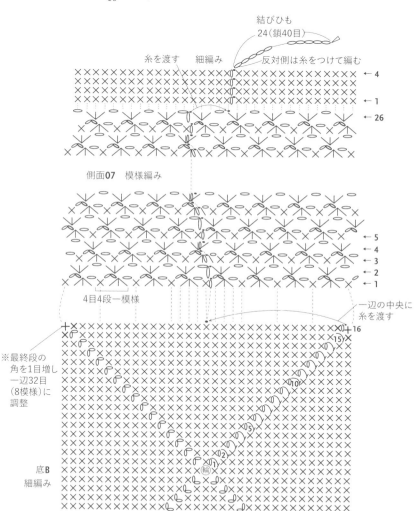

底の目数と増し方

段数	目数	増し方
16	128	+4※
15	124	+8
14	116	+8
13	108	+8
12	100	+8
11	92	+8
10	84	+8
9	76	+8
8	68	+8
7	60	+8
6	52	+8
5	44	+8
4	36	+8
3	28	+8
2	20	+8
1	12	

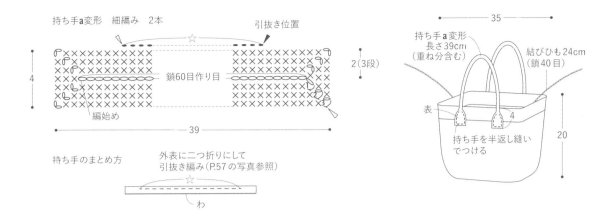

持ち手a変形　細編み　2本

引抜き位置

鎖60目作り目

編始め

4

39

2(3段)

35

持ち手a変形
長さ39cm
(重ね分含む)

結びひも24cm
(鎖40目)

表

4

20

持ち手を半返し縫い
でつける

持ち手のまとめ方

外表に二つ折りにして
引抜き編み(P.57の写真参照)

わ

PAGE 63

底	側面	持ち手
C	79	a
55目	32段	3段

糸：ハマナカ エコアンダリヤ
　　オリーブ(61)　240g

針：7/0号かぎ針

ゲージ：

[模様編み]15.5目10.5段が10cm四方

サイズ：幅35cm、深さ31.5cm

編み方：

糸は1本どりで編みます。

鎖編み55目作り目(底C)をして編み
始めます。続けて側面79(P.43)を増
減なく編み、さらに続けて細編みを
編みます。持ち手aを作り、側面の
脇に半返し縫いでつけます。

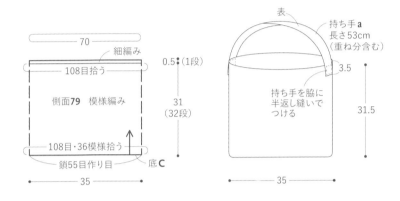

70

細編み

108目拾う

0.5(1段)

側面79　模様編み

31
(32段)

108目・36模様拾う

鎖55目作り目

底C

35

表

持ち手a
長さ53cm
(重ね分含む)

3.5

持ち手を脇に
半返し縫いで
つける

31.5

35

持ち手a　細編み　1本

鎖80目作り目

編始め

4

2(3段)

53

= T

= P.19の写真参照

= 糸を切る

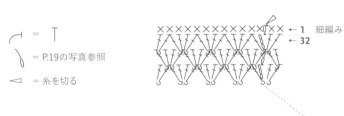

←1　細編み
←32

側面79　模様編み

3目2段一模様

←3
←2
←1

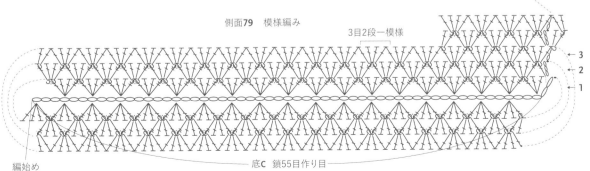

編始め

底C　鎖55目作り目

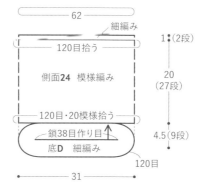

底	側面	持ち手
D	**24**	**b** 変形
9段	27段	3段

糸：ハマナカ エコアンダリヤ
　　レトロブルー(66)　180g
針：7/0号かぎ針
その他：ボタン　直径2cmを1個、
マグネットホック　直径1.4cmを1組み
ゲージ：
[細編み]18目19段が10cm四方
[模様編み]19.5目13.5段が10cm四方
サイズ：幅31cm、深さ21cm
編み方：
糸は1本どりで編みます。
鎖編み38目作り目をして編み始め
ます。底**D**を9段編みます。続けて
側面**24**(P.22)を増減なく編みます。
さらに続けて細編みを編みます。フ
ラップを底と同様に編み始め、図
のように増しながら細編みで編みま
す。持ち手**b**変形を作ります。フラッ
プを本体に縫いつけ、マグネットホッ
クをつけます。側面の脇を図のよう
に折り込み、その上に持ち手をの
せて半返し縫いでつけます。フラッ
プに飾りボタンをつけます。

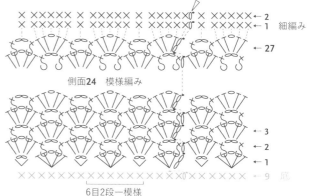

側面**24**　模様編み

6目2段一模様

段数	目数	増し方
9	120	±0
8	120	+6
7	114	+6
6	108	+6
5	102	+6
4	96	+6
3	90	+6
2	84	+6
1	78	

底の目数と増し方

底**D**　細編み

= 糸をつける
= 糸を切る

持ち手**b**変形　細編み　1本

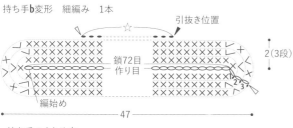

持ち手のまとめ方
外表に二つ折りにして引抜き編み(P.57の写真参照)

フラップ　細編み　1枚

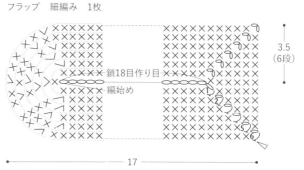

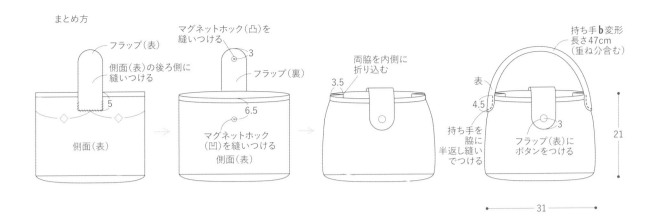

まとめ方

フラップ（表）
側面（表）の後ろ側に縫いつける
5

マグネットホック（凸）を縫いつける
3
フラップ（裏）
6.5
マグネットホック（凹）を縫いつける
側面（表）

両脇を内側に折り込む
3.5

持ち手b変形
長さ47cm
（重ね分含む）
表
4.5
持ち手を脇に半返し縫いでつける
3
フラップ（表）にボタンをつける
21
31

PAGE 60

底	側面	持ち手
D	09	f
6段	26段	5段

糸：ハマナカ エコアンダリヤ
　　チェリー（37）　140g
針：7/0号かぎ針
ゲージ：
[細編み]16.5目18段が10cm四方
[模様編み]16.5目16段が10cm四方
サイズ：幅36cm、深さ23cm
編み方：
糸は1本どりで編みます。
鎖編み44目作り目をして編み始めます。底Dを6段編みます。続けて細編みと側面09（P.14）を増減なく編みます。脇に糸を渡し、細編みを4段編みます。続けて持ち手fを編みますが、前後中央は鎖35目を編みます。

◇＝20目
72

鎖35目作り目
持ち手f
5段
細編み
4段
120目拾う
側面09　模様編み
細編み
120目・40模様拾う
鎖44目作り目
底D　細編み
120目
32.5
5（9段）
16（26段）
2（4段）
2.5（6段）

36
持ち手f
23

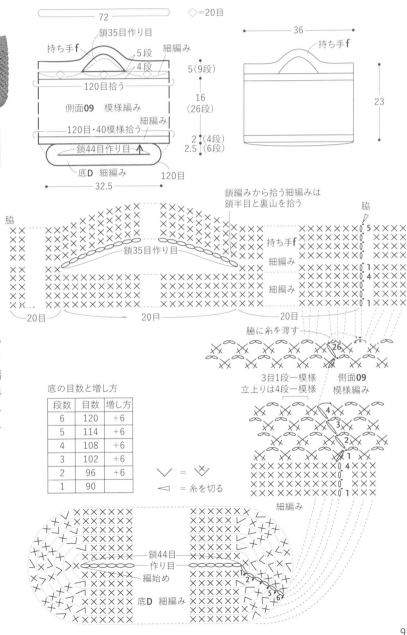

鎖編みから拾う細編みは
鎖半目と裏山を拾う
脇
脇
持ち手f
細編み
細編み
鎖35目作り目
細編み
20目
20目
20目
脇に糸を渡す
26

底の目数と増し方

段数	目数	増し方
6	120	+6
5	114	+6
4	108	+6
3	102	+6
2	96	+6
1	90	

∨ ＝ ∨∨
◁ ＝ 糸を切る

3目1段一模様
立上りは4段一模様
側面09
模様編み
細編み

鎖44目
作り目
編始め
底D　細編み

93

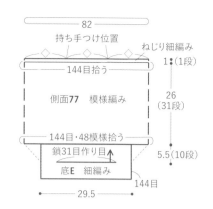

底	側面	持ち手
E	77	c 変形
10段	31段	3段

糸：ハマナカ エコアンダリヤ
　　ブラウン（159）　250g

針：7/0号かぎ針

ゲージ：

[細編み]17目18段が10cm四方

[模様編み]17.5目12段が10cm四方

サイズ：幅41cm、深さ27cm

編み方：

糸は1本どりで編みます。

鎖編み31目作り目をして編み始めます。底**E**を10段編みます。最終段は図のように角で増します。続けて側面**77**（P.42）を増減なく編み、さらに続けてねじり細編みを編みます。持ち手**c**変形を2本作り、半返し縫いでつけます。

底の目数と増し方

段数	目数	増し方
10	144	+8※
9	136	+8
8	128	+8
7	120	+8
6	112	+8
5	104	+8
4	96	+8
3	88	+8
2	80	+8
1	72	

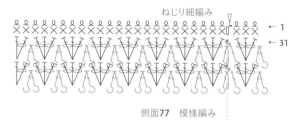

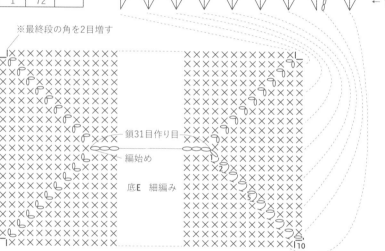

※最終段の角を2目増す

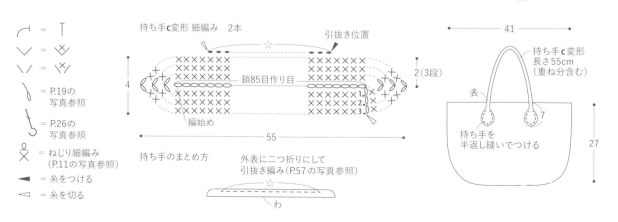

	=	⊤
⌄	=	⋏
⋅⌄	=	⋎

= P.19の写真参照

= P.26の写真参照

= ねじり細編み（P.11の写真参照）

◄ = 糸をつける

◁ = 糸を切る

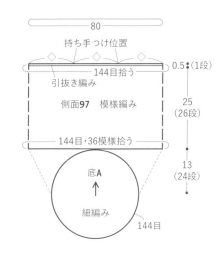

底	側面	持ち手
A	**97**	**a**
24段	26段	3段

糸：ハマナカ エコアンダリヤ
　　グレイッシュピンク(54)　215g
針：7/0号かぎ針
ゲージ：
[細編み]18目18.5段が10cm四方
[模様編み]18目10.5段が10cm四方
サイズ：幅40cm、深さ25.5cm
編み方：
糸は1本どりで編みます。
輪の作り目をして編み始めます。底
Aを24段編みます。続けて側面**97**
(P.50)を編みますが、裏側を表に使
用する編み地のため、底の裏から拾
って編みます。増減なく編みます。
再び編み地を裏返して引抜き編みを
編みます。持ち手**a**を2本作り、半
返し縫いでつけます。

底の目数と増し方

段数	目数	増し方
24	144	+6
23	138	+6
22	132	+6
21	126	+6
20	120	+6
19	114	+6
18	108	+6
17	102	+6
16	96	+6
15	90	+6
14	84	+6
13	78	+6
12	72	+6
11	66	+6
10	60	+6
9	54	+6
8	48	+6
7	42	+6
6	36	+6
5	30	+6
4	24	+6
3	18	+6
2	12	+6
1	6	

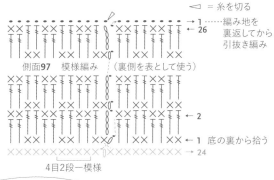

◁ = 糸を切る

→ 1 ……編み地を
← 26　　裏返してから
　　　　引抜き編み

側面97　模様編み　（裏側を表として使う）

← 2

← 1　底の裏から拾う

→ 24

4目2段一模様

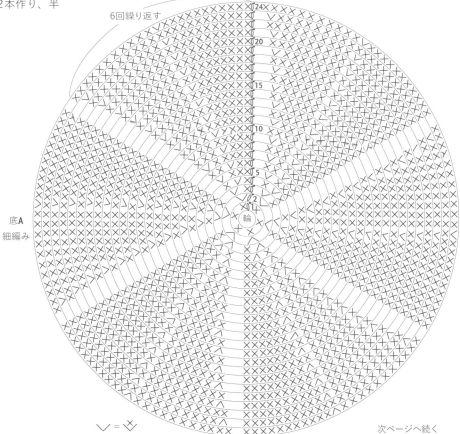

6回繰り返す

底A
細編み

輪

∨ = ∨(2目編み入れる)

次ページへ続く

持ち手**a**　細編み　2本

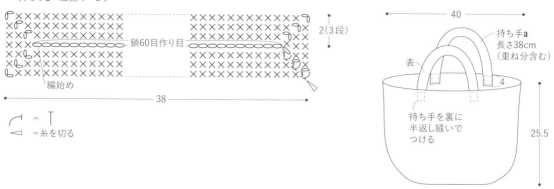

鎖60目作り目

2(3段)

編始め

38

⌐ = 丁
◁ =糸を切る

40

表

持ち手**a**
長さ38cm
(重ね分含む)

4

持ち手を裏に
半返し縫いで
つける

25.5

PAGE 67

底	側面	持ち手
A	84	**b**アレンジ
7段	16段	2段

糸：ハマナカ エコアンダリヤ
　　オフホワイト(168)　40g
針：7/0号かぎ針
その他：ボタン　幅1.7cmを1個
ゲージ：
[細編み]18目17.5段が10cm四方
[模様編み]20.5目9段が10cm四方
サイズ：幅10cm、深さ18cm
編み方：
糸は1本どりで編みます。
輪の作り目をして編み始めます。
底**A**を7段編みます。続けて側面**84**
(P.45)を増減なく編みます。さらに
続けて細編みを編みます。持ち手は
鎖編み50目作り目をして編み始め、
続けてボタン穴の鎖を5目作ります。
6目手前に引き抜き、立上りの1目
を編み、1段めの細編みを編みます。
ボタン穴は束にすくいます。持ち手
の片側は側面に半返し縫いでつけま
す。反対側にボタンをつけます。

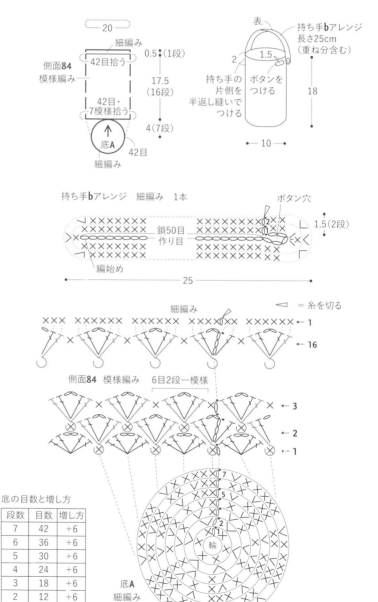

20

細編み

側面84
模様編み

42目拾う

0.5(1段)

17.5
(16段)

42目・
7模様拾う

4(7段)

底A

細編み

42目

表

持ち手**b**アレンジ
長さ25cm
(重ね分含む)

2

1.5

ボタンを
つける

持ち手の
片側を
半返し縫い
でつける

18

10

持ち手**b**アレンジ　細編み　1本

ボタン穴

鎖50目
作り目

2

1.5(2段)

編始め

25

◁ =糸を切る

細編み

1

16

側面84　模様編み

6目2段一模様

3

2

1

底の目数と増し方

段数	目数	増し方
7	42	+6
6	36	+6
5	30	+6
4	24	+6
3	18	+6
2	12	+6
1	6	

底A
細編み

∨ = ⊬

7
5
2
1
輪

PAGE 67

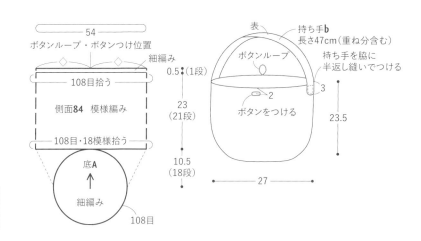

糸：ハマナカ エコアンダリヤ
　　オフホワイト（168）　125g
針：7/0号かぎ針
その他：ボタン　幅1.7cmを1個
ゲージ：
［細編み］18目17.5段が10cm四方
［模様編み］20.5目9段が10cm四方
サイズ：幅27cm、深さ23.5cm
編み方：
糸は1本どりで編みます。
輪の作り目をして編み始めます。底
A を18段編みます。続けて側面**84**
（P.45）を増減なく編みます。さらに
続けて細編みを編みます。持ち手**b**
を1本編み、半返し縫いでつけます。
ボタンループを編みつけ、反対側に
ボタンをつけます。

底	側面	持ち手
A	84	b
18段	21段	3段

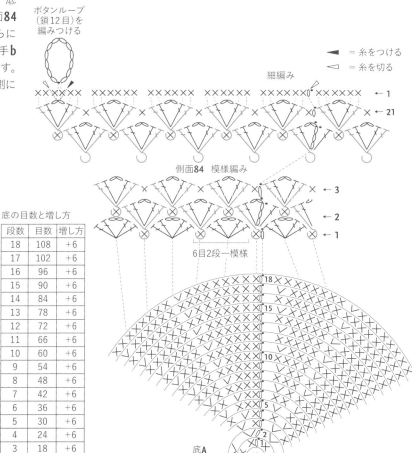

底の目数と増し方

段数	目数	増し方
18	108	+6
17	102	+6
16	96	+6
15	90	+6
14	84	+6
13	78	+6
12	72	+6
11	66	+6
10	60	+6
9	54	+6
8	48	+6
7	42	+6
6	36	+6
5	30	+6
4	24	+6
3	18	+6
2	12	+6
1	6	

デザイン・製作
Ronique［ロニーク］ 福島令子
札幌出身。法政大学法学部卒業。小さいこ
ろから母が好きな棒針編みや手芸に親し
みながら育つ。子育てを機にかぎ針編みの
独習を始める。現在はRoniqueホームペー
ジのためのフリーパターン作成や、オンラ
インショップ「Ronique Store」の運営を中
心として活動中。
手間を省いたパターンと、普段使いしやす
いデザインを目指している。著書『冬のか
ぎ針あみこもの』『夏のかぎ針あみこもの』
『かぎ針あみの冬ごもり』(すべて文化出版局)
［ホームページ］ ronique.jp
［Online Shop］ www.ronique.net
［instagram］ @crochet_ronique

素材・用具提供
ハマナカ
hamanaka.co.jp
info@hamanaka.co.jp

ブックデザイン　若山嘉代子　L'espace
撮影　吉森慎之介（カバー・P.1、4〜7、9、15、25、58〜68)
　　　安田如水（P.2〜8、10〜14、16〜24、26〜57、75〜95／文化出版局)
校閲　向井雅子
編集　小林奈緒子
　　　三角紗綾子(文化出版局)

好きな模様で編むかごバッグ
模様編み100×底5×持ち手6 ＝ 3000パターン

2021年5月8日　　第1刷発行
2024年1月16日　第6刷発行

著者　Ronique［ロニーク］
発行者　清木孝悦
発行所　学校法人文化学園 文化出版局
　　　　〒151-8524　東京都渋谷区代々木 3 -22-1
　　　　Tel.03-3299-2487(編集)
　　　　Tel.03-3299-2540(営業)
印刷・製本所　株式会社文化カラー印刷

文化出版局のホームページ　https://books.bunka.ac.jp/